밀양 인디언,
역사가 말할 때

밀양 인디언, 역사가 말할 때

2014년 1월 14일 제1판 1쇄 인쇄
2014년 1월 21일 제1판 1쇄 발행

지은이	오항녕
펴낸이	이재민, 김상미

편집	이상희
디자인	달뜸창작실
마케팅	이한나

종이	다올페이퍼
인쇄	천일문화사
제본	광신제책사

펴낸곳	너머북스
주소	서울시 종로구 누하동 17번지 2층
전화	02)335-3366, 336-5131 팩스 02)335-5848
등록번호	제313-2007-232호

ISBN 978-89-94606-24-8 03900

너머북스와 너머학교는 좋은 서가와 학교를 꿈꾸는 출판사입니다.

오항녕 교수의 역사 시평

밀양 인디언,
역사가 말할 때

너머북스

마당의 역사를 위하여

역사

"나이 들고 집 없는 사람이 노숙을 하다가 죽은 일은 뉴스가 되지 않는 반면, 주가지수가 2포인트 떨어진 일은 뉴스가 된다. 어떻게 이럴 수 있는가?"

2013년 11월 24일 로마교황청 홈페이지에 실린 프란치스코 교황 권고문의 일부이다. 거꾸로 된 뉴스를 통해 뒤집힌 우리의 삶이 어디로 가고 있는지 물었다. 역사에 대한 궁금증은 현재 우리의 삶에 대한 질문에서 출발한다. 진화는 지금 살고 있는 시대에 대한 비판에 기초를 두게 마련이다. 진화된 질문, 비판적 인식은 역사학도인 내게 다음과 같은 말로 압축되었다.

"도대체 나는 어떤 세상에서, 뭐 하고 사는 걸까?"

하긴 어떤 삶이 이 질문에서 자유로울까? 혹여 글을 읽는 분이

이 질문에서 자유롭지 않다면 세 가지 정도만 미리 생각하고 시작하면 어떨까 한다.

첫째, '마당의 역사'를 상상해보자고 제안하고 싶다. 평소 알고 있는 마당이라는 이미지 그대로 머릿속에 그려보자. 어릴 때 뛰어놀던 마당도 좋고, 콘서트나 연극이 열리는 무대도 좋다. 촛불집회가 열리는 서울광장도 마당이고, 21세기 한국 사회도 마당이다. 지금 여기에 삶이 펼쳐지고 있는 시공간으로서 마당을 상상하고, 여기를 살 만한 곳으로 만들어보자는 역사학적 제안이자 개념이다.

근대 역사학은 우리 삶이 '근대를 향하여' 진행되었던 것처럼 가르쳤다. 고대사회에서 봉건사회를 거쳐 자본주의사회에 도착하였다고 그림을 그려주었다. 그러나 근대 자본주의는 가진 것이라고는 몸뚱이밖에 없어서 노동력을 팔지 않으면 안 되는 사람들을 인구의 90% 이상으로 만들어놓으면서 시작되었다. 이른바 본원적 축적이다. 근대 의료, 과학, 생산력의 발전을 높이 사더라도, 또 신분제의 폐지와 민주주의의 발전을 인정하더라도, 여전히 위험하고 불평등하며 불안정한 삶이 곳곳에서 함정처럼 도사리고 있다.

그러나 앞으로 나아지기보다는 악화되리라는 전망이 우세한 듯하다. 구조조정이 어쩌다 있는 비상조치가 아니라 상시적인 노동유연화란 이름으로 노동자를 통제하는 술책이 되었듯이.

나는 역사가 '근대를 향하여' 진행되었다고 생각하는 역사학을 '도로의 역사'라고 부른다. 부산행 열차를 탄 승객에게 수원, 대전,

대구는 거쳐야 할 정거장의 하나에 불과하다. 그러나 대구, 대전은 정거장이기 이전에 그곳 사람들의 삶의 마당이다. 마찬가지로 고려나 조선은 그때 사람들의 삶의 마당이다. 과거를 근대로 오기 위해 거쳐야 할 정거장 정도로 인식하는 근대 역사학은 역사를 부정한다. 자가당착. 역사를 부정하는 역사학, 그것이 근대 역사학의 얼굴이다.

도로의 역사는 과거만 지우지 않는다. 불투명한 미래를 채색함으로써 지금 우리가 발 딛고 있는 현실을 지워버리거나 호도한다는 점이다. '도로의 역사'가 경제적으로 표상되면 소득 1천 불, 1만 불, 2만 불로 나타난다. 4만 불을 얘기하는 사람도 있다. 4만 불이 되면? 행복할까? 자꾸 어디로 가려고 하지 말고, 지금 이 자리, 이 마당을 바꾸어보자. 원래 그게 역사 발전의 본모습에 가깝다.

둘째, 역사적 관찰은 우리에게 세 가지 눈을 요구하는 동시에 키워준다. 객관적 조건에 대한 안목, 인간의 의지와 책임에 대한 자각, 그리고 우연에 대한 겸허한 수용이 그것이다. 이 세 가지 눈은 친구나 연인을 이해하는 데도 매우 유용하다.

① 객관적 조건. 인간에게는 태어나면서 주어지는 조건이 있다. 남자, 여자. 부모와 집안. 충청도 출신, 전라도 출신. 조선시대, 자본주의 사회 등. 그런데 객관적 조건만 강조하면 결정론자가 된다. 종종 '여자란 그저 …… 운운', '반도 근성 때문에 …… 운운'과 같

은 어법으로 표현된다.

② 자유의지. 인간은 주어진 조건대로만 살지 않는다. 생각하고 고민하면서, 때론 생각하지 않고 고민도 하지 않으면서, 뭔가 비전을 만들고 추구하고 가치를 부여한다. 목적의식을 가진 존재로서 살아간다. 자유의지를 극단화하면 망상가가 된다. '하면 된다!'는 어법이 대표적이다. 세상에는 아무리 애를 써도 안 되는 일이 있다. 많다.

때론 자유의지로 선택한 일이 객관적 조건이 된다. 자신이 의지대로 선택한 정당, 학교, 종교는 곧 자신의 객관적 조건이 된다. 그래서 공자는 인정이 살아 있는 동네를 택하라고 경고하였다.

③ 우연. 내 방식대로 정의하면, 서로 다른 결과를 추구하던 행위가 맞닥뜨리거나, 같은 결과를 추구하던 행위가 만나지(결실을 맺지) 못하는 일을 말한다. 학교 가던 학생이 병원에 가려고 과속하던 자동차에 다치는 경우가 전자라면, 서로 사랑하는 사람들이 숱하게 헤어지는 현실이 후자이다. 우리 삶의 많은 아쉬움이 우연 때문에 생긴다.

객관적 조건만 고려하면 얼마 정도 사태를 설명할 수 있을지 몰라도 결국 사람에게 책임을 물을 수 없다. '원래' 객관적 조건은 책임을 따질 영역이 아니기 때문이다. 일본 제국주의라는 객관적 조건에 압도되어 식민지를 받아들이고 조선 청년을 태평양전쟁에 동원했던 모윤숙이나 이광수가 그 사례이다. 이들은 김구와 만주독립군을 이해할 수 없다.

그렇다고 자유의지만 강조하면 도덕적 요청은 할 수 있을지 몰라도 생산적인 반성은 불가능하다. '그 상황에서는 그럴 수밖에 없었던' 사람들을 전혀 이해할 수 없기 때문이다. 팡틴이 내몰린 상황에 적용할 수 있는 잣대가 법밖에 없었던 「레 미제라블」의 자베르 경감이 이런 인물이다. 그는 처벌 이후 팡틴이 지옥을 경험할지 삶이 나아질지에 관심이 없다. 정작 그야말로 감옥에서 태어났다. 자베르와 다르게 생각하는 사람도 있었다. 팡틴에게 필요한 것은 감옥이 아니라 병원이라고 장발장이 말했지 않는가.

사람은 다르다. 딛고 있는 현실에 따라 다르고 나이에 따라 다르다. 그러면 생각도 다르고 관점도 다르게 마련이다. 다른 사람들이 함께 사는 게 세상이다. 역사공부는 경험에 대한 이해를 통해 서로 다른 사람들이 같이 살 수 있는 길을 보여준다. 누군가의 경험을 이해한 뒤 친구가 되고 우정을 쌓듯이. 그래서 생각과 삶이 다르다는 사실은 역사공부의 끝이 아니라 시작이다.

객관적 조건의 이해를 통한 설명, 인간의 책임에 대한 자각, 그리고 둘에 포섭되지 않는 우연이라는 영역에 대한 아쉽지만 겸손한 수용, 이 셋을 혼동하지 않았으면 한다. 이 혼동이 얼마나 우리를 아프게 하고 미궁에 빠뜨렸는가.

셋째, 도덕과 역사를 혼동하지는 말자. 도덕이 우리의 삶을 구제할 수 있으리라는 조그마한 단서라도 발견했다면 나는 굳이 역사학자의 길을 택하지 않았을 것이다.

가끔 도덕은 사이비似而非 역사학의 형상을 하고 나타난다. 그러나 역사 현실을 거세한 뒤 추상화된 명령을 내리는 것이 도덕이다. 도덕은 종종 인간이 할 수 없는 일을 할 수 있다고 치고 강요하거나, 할 수 있는 일을 할 수 없었다고 치고 용서한다. 도덕은 내가 처한 현실에는 관심도 적고 이해하고 싶어하는 경우가 적다.

> "철학자들은 실제 존재하는 인간 본성에 대해서는 공격을 가하는 반면, 그 어디서도 찾을 수 없는 인간 본성에 대해서는 열심히 찬양한다. 그러면서 자기가 무슨 경이로운 일이라도 한 것처럼, 학문의 정상에 도달한 것처럼 착각한다. 요컨대 그들은 있는 그대로의 인간이 아니라, 그렇게 존재해줬으면 하는 인간 모습을 머릿속에 그리고 있는 것이다."
> (스피노자, 최형익 옮김, 『신학정치론/정치학논고』, 비르투, 2011, 388쪽)

이 서문을 쓰는 동안 어떤 고등학교의 글짓기 대회 안내문을 보았다. 질문은 "아래 딜레마를 읽고 어떤 결정을 내리는 것이 옳은지 본인의 생각을 서술하시오." 제시 지문은 다음과 같다.

> "당신은 전차 기관사이고, 시속 100킬로미터로 철로를 질주한다고 가정해보자. 저 앞에 인부 다섯 명이 작업 도구를 들고 철로에 서 있다. 전차를 멈추려 했지만 불가능하다. 브레이크가 말을 듣지 않는다. 이

속도로 들이받으면 인부들이 모두 죽고 만다는 사실을 알기에 절박한 심정이 된다. 이때 오른쪽에 있는 비상 철로가 눈에 들어온다. 그곳에도 인부가 있지만, 한 명이다. 전차를 비상 철로로 돌리면 인부 한 사람이 죽는 대신 다섯 사람이 살 수 있다. 당신은 어떻게 하겠는가?"

첫째, 나 같으면 이렇게 답하겠다. "경적을 울린다!"

둘째, 이 질문은 윤리와 비극을 혼동하고 있다. 경적을 울릴 수 있다는 평범한 해결책을 놓쳤다는 지적은 차치하고라도, 이 상황은 문제에서 말하는 것처럼 '어떤 결정을 내리는 것이 옳은지' 판단할 수 있는 상황이 아니다. 어떤 판단을 내려도 '옳지 않다.' 이건 옳다 그르다로 판단할 수 있는 상황이 아니라, 어떤 결정을 내려도 '비극'인 것이다. 기관사가 다섯 명의 인부가 있는 철로로 가서 인부들이 죽거나 다쳤다면 그 기관사에게 비도덕적이라고 비난할 수 있는가? 기관사가 한 명의 인부가 있는 철로로 가서 한 사람만 죽었다면 그 기관사는 도덕적인가?

이 질문에 머뭇거리고 있다면? 그건 정상이란 뜻이다. 어느 경우나 비극적 현실이며 도덕적 판단의 대상이 아니라는 것을 알고 있다는 것이기 때문이다. 마찬가지로 역사나 철학을 표방하는 논의도 실제 내용은 '도덕적 혼동'일 때가 많다. 다행히 나는 도덕주의자가 아니며, 도덕적 비난은 내 몫이 아니다. 오직 역사적 비판이 내 일이다. 이 글은 내가 딛고 있는 현실에 대한 역사적 관찰일 뿐이다. 역사적 관찰을 통해서만 우리는 윤리나 도덕을 말할 수 있다.

사론

이 책은 사론史論이다. 대학 다닐 때 읽은 강만길 선생님의 사론서 『분단시대의 역사인식』 서문에 '역사학자는 각주 없이 글을 써보고 싶을 때가 있다'고 나와 있었다. 그땐 역사학자에게도 사실이라는 증거가 있어야만 글을 쓰는 숙명 또는 굴레를 벗어나고 싶은 욕구가 있다는 뜻으로 읽혔다. 허나 엄밀히 말하면 '각주 없이' 글을 쓸 수는 있지만 '사실에 구애되지 않고' 글을 쓸 수 있는 역사학자는 없다. 강 선생님의 사론 역시 철저히 사실에 입각한 저술이었다.

동아시아 전통에서 보면 모든 역사서는 사실과 사론으로 구성되었다. 사마천의 『사기』에 실린 사론이 '태사공이 말하기를[太史公曰]'이란 형식으로 달려 있다는 사실은 널리 알려져 있다. 좌구명도 『춘추좌씨전』에서 '군자가 말하기를[君子曰]'이라는 형식으로 자신의 견해를 기술하였다.

사마광의 지휘로 편찬된 『자치통감』 중 당나라 시대를 편찬했던 범조우范祖愚는 그 경험을 살펴 당나라 시대에 대한 사론만으로 책을 남겼다. '당나라를 거울로 삼는다', '당나라의 역사'라는 의미인 『당감唐鑑』이다. 『당감』이 최초의 사론서이기는 하지만, 사론만 있는 것이 아니라 사실을 먼저 제시하고 논평을 다는 방식으로 되어 있다. 사실과 사평을 함께 기록하되 둘을 섞지 않고 구분하여 기술하는 전통은 변치 않고 유지되었던 것이다.

우리가 잘 아는 조선실록도 마찬가지다. 사례를 하나 들어보자.

명종 연간, 문정왕후가 권세를 잡고 그의 동생 윤원형 등이 나라를 어지럽히면서 백성들의 삶이 더할 나위 없이 고단해졌다. 고단한 백성들이 먹고살기 힘들어 유리걸식하면서 도적도 생겨났다. 벽초 홍명희 선생이 쓴 『임꺽정』의 주인공 임꺽정도 그때 출몰한 인물이다. 조정에서 임꺽정을 잡기 위한 방책이 논의되었음을 쭉 사실대로 기술한 뒤, 사관史官은 다음과 같은 사론을 적어두었다.

"도적이 성행하는 것은 수령의 가렴주구 탓이며, 수령의 가렴주구는 재상이 청렴하지 못한 탓이다. 지금 재상들의 탐오가 풍습을 이루어 한이 없기 때문에 수령은 백성의 고혈을 짜내어 권력 있는 자를 섬기고 돼지와 닭을 마구 잡아가는 등 못하는 짓이 없다. 그런데도 곤궁한 백성들은 하소연할 곳이 없으니 도적이 되지 않으면 살아갈 길이 없는 형편이다. 그래서 너도나도 스스로 죽음의 구덩이에 몸을 던져 요행과 겁탈을 일삼는 것이니, 이 어찌 백성의 본성이겠는가."(『명종실록』 권25 14년 3월 27일)

사론은 이런 형식과 구성으로 되어 있다. 그런데 이 형식은 우리가 일기를 쓸 때도 그대로 나타난다.

① 오늘은 친구 ○○이와 함께 집으로 오다가 게임방에 갔다. 게임에 정신이 팔려 있다 보니 2시간이나 지났다. 집에 와서 엄마에게는 ○○이가 아파서 병문안을 갔다고 거짓말을 했다. '다음부터는 거짓말을

하지 말아야겠다.'

②「뉴스타파」의 보도에 따르면, 강기훈 유서대필 사건을 조작한 검사들 대부분이 박근혜 후보의 대선캠프 주변에 몰려 있었다. 김기춘은 원로그룹인 7인회의 일원이었고, 당시 서울지검 강력부장으로 사건의 수사책임자였던 강신욱은 검찰 몫의 대법관을 지낸 뒤 2007년 박근혜 캠프의 법률지원 특보단장을 지냈다. 수사검사였던 남기춘은 박근혜 캠프의 열린검증소위원장, 수사검사였던 윤석만은 박근혜 후보의 외곽 조직인 대전희망포럼 공동대표였다. '역사는 지루하게 반복되기도 한다. 그 잘못된 반복을 줄이기 위해, 지금 나는 이들의 이름을 기억해야겠다.'

하나는 초등학생의 일기이고, 하나는 신문에서 어떤 분의 칼럼을 보고 내가 쓴 일기이다. ①의 '다음부터는 거짓말을 하지 말아야겠다', ②의 '역사는 지루하게 반복되기도 한다. 그 잘못된 반복을 줄이기 위해, 지금 나는 이들의 이름을 기억해야겠다'는 코멘트는 둘 다 사론=사평에 해당된다. 실록과 똑같다. 하긴 실록이 나라의 일기였으니, 그 구조에서 차이가 있을 리 없다. 이렇듯이 사론을 쓰는 것은 누구나 할 수 있는 쉬운 일이며 또 늘 하는 일이다. 나아가 역사를 공부하는 역사학도에게는 반드시 갖추어야 할 능력이자 당당한 권한이다.

이 책

"교수님! 교수님 덕분에 많이 큰 거 같아요. 난생처음으로 엄청난 용기를 냈어요."

"무슨 일인가?"

"감사합니다. 내일은 더 춥답니다. 따뜻하게 지내세요!"

"무슨 용기를 냈다는 거야?"

"저 대자보 써서 붙였어요!"

"훌륭하다. 이번에 붙인 대자보 잘 보관해라!"

"평~생 보관하면서 기억하고 행동하면서 살 거예요!"

학생들이 대자보를 붙였다고 한다. 학생들의 감사 인사가 무색하
게, 내가 한 일이라곤 기껏 도서관 교직원에게 혹시라도 대자보를
떼지 말라고 전화한 일뿐이었다. 추운 날, 대자보를 붙이는 손이 얼
마나 시렸을까.

그래서 사론史論을 썼다. 내가 어떤 세상에서 뭐 하고 사는 건지
묻고 대답한 이야기이다. 역사가 우리 현실에 대해 해줄 얘기가 있
고, 우리 삶이 나아지는 데 기여할 수 있다고 생각하는 역사학도가
같은 시대를 사는 분들에게 내보이는 속내이다. 나와 서로 생각이

비슷할 수도 있지만, 다른 데도 있을 것이다. 어느 경우든 역사공부
는, 또 대화는 거기서 출발한다는 점에서 같다.

서문을 쓰고 있는 이 순간, 천千 가지 오류를 가진 교학사 한국사
교과서를 채택한 고등학교가 하나 남았다는 뉴스를 접했다. 일본
극우 교과서 후쇼샤 판의 채택률보다 높으면 어떡하나 걱정했는데
그럴 가능성은 낮은 듯하다. 역시 이 땅에 사는 인민들은 호락호락
하지 않다.

자존심이다. 스멀스멀 우리 곁을 맴도는 음습한 유령들에게 속지
않고 이들을 물리칠 수 있는 이유는 이런 격조 때문이라고 생각한
다. 자존심과 격조는 꾸준한 공부와 사색을 통해서만 유지될 것이
다. 남의 말을 묵묵히 따르고 믿기보다, 정말 그런지 자료를 확인하
고, 왜 그런지 생각해야 한다. 그 속에서 내가 어떻게 이런 판단을
하게 되었는지 묻는 힘을 유지하는 것이다. 그렇게 얻은 힘은 현실
을 돌파할 수 있는 동력이 될 것이고, 새로 얻은 판단은 장차 우리
삶의 좌표가 될 것이다.

인생이 그렇듯이 역사에도 늘 좋은 시절만 있지 않다. 때론 바위
처럼 견디어내야 하는 때가 있다. 아무리 어려운 시절도 잘 견딜 줄
알면 웃으며 지낼 수 있다. 역사공부를 하면서 지금 우리 삶을 웃으
며 견딜 수 있을 때, 이럴 때만이 진정 역사가 거울이 되고, 과거와
현재가 제대로 대화를 하게 되며, 모든 역사가 현대사가 된다고 생
각한다. 내가 역사를 통하여 시사時事를 보고, 시사를 통하여 다시

역사를 읽지 않을 수 없었던 이유가 여기에 있다.

벌써 뜰에 있는 감나무 잎은 다 졌다. 연시는 곱게 열렸었고, 단감은 쉬었다. 앙상해진 가지도 좋다. 노고의 흔적이다. 꽃은 또 피고 잎은 나고 감은 열릴 것이다.

오항녕

차례_

1부

대지를
어떻게
사고
파는가

과거의 인디언, 미래의 인디언

'서양현대사' 강의 시간. 백효리가 외우기 시작했다. "민중운동을 위해 승리의 기록을 날조하고 싶지는 않다. 그러나 역사 서술의 목적이 과거를 지배하는 실패만을 요약하는 것이라고 생각한다면 역사가들은 끝없는 패배의 순환에서 공모자가 되어버린다. 역사가 창조적이라면, 또 과거를 부정하지 않고도 가능한 미래를 예견하려면, 덧없이 스쳐 지나간 일일지언정 사람들이 저항하고, 함께 힘을 모으며, 때로는 승리한 잠재력을 보여준 과거의 숨겨진 일화들을 드러냄으로써 새로운 가능성들을 강조해야 마땅하다고 믿는다. 어쩌면 순전히 희망사항일 수도 있지만, 우리의 미래는 수세기에 걸친 전쟁의 견고함에서가 아니라 덧없이 지나간 공감의 순간들에서 발견될지도 모른다고 생각한다." 하워드 진Howard Zinn이 『미국민중사 1』33쪽에서 한 말이다.[1]

나는 리포트를 내주지 않는다. 학생들이 리포트를 쓸 만큼 훈련되지 않았다고 생각하기 때문이다. 마른 수건을 짜봐야 힘만 들고 천만상한다. 적시는 게 먼저다. 그래서 수업 시간마다 교재에서 감동받은 '씨앗문장'[2]을 옮겨 적고, '암송'한다.

아직은 그 깊이를 이해하기 어려운 학자, 코젤렉Reinhart Koselleck도 하워드 진과 다른 목적에서 비슷한 말을 했다. 홉스봄Eric Hobsbawm은 친구 코젤렉의 말을 다음과 같이 전하였다.

승리의 편에 있는 역사가는 단기적인 성공을 장기적으로 소급되는 목적론의 관점에서 해석하려 들기가 쉽다.('원래 우리가 이기게 되게 되어 있다'고 역사를 합리화한다는 말이다.) 패배자는 그렇지 않다. 패배자의 주요한 경험은 모든 것들이 희망했던 것이나 계획했던 것과 다르게 발생했다는 것 자체이다. …… 패배자들은 왜 자신들이 생각했던 것은 일어나지 않고 다른 어떤 것이 발생했는지 설명해야 할 필요를 더 크게 느낀다. 이것은 중기적 원인과 장기적 원인에 대한 연구를 자극할 것이다. 이연구는 예기치 않은 일의 발생을 설명하고 …… 더 지속적인 통찰력을 낳고 …… 결국 더 큰 설명력을 낳는다. 단기적 관점에서 보면 역사는 승리자에 의해 만들어질 수 있다. 하지만 장기적 관점에서 보면, 역사 이해의 증대는 패배자로부터 나왔다."[3]

나는 학생들에게 '밀양 송전탑 반대 이유'를 수업자료로 나누어주었다. 두 쪽 분량으로 정리한 자료였다. 거기에는, "첫째, 전자파 때문에 죽은 땅이 되는 밀양. 한전은 밀양에만 76만 5,000볼트의 초고압 송전탑을 69개 세울 예정이라고 한다. 둘째, 서울 사람 때문에 희생되어야 하는 노인들. 겨울에 전기장판밖에 쓸 일 없는 이들에게서 땅을 빼앗고 집을 빼앗고 고향을 빼앗고 있다. 그런데도 '이기주의', '님비'라는 이름으로 고통을 더하고 있다. 셋째, 적절치 못한 보상 문제. 한평생 농사밖에 모르던 양반에게 6,000만 원을 주고 떠나라고 한다. 더구나 한국전력이 일부 주민들을 돈으로 매수해 남은 공동체마저 파탄 낸 정황도 드러났다. 넷째, 직무를 유기하고 어르신들의 대안을 무시한 한전. 대안을 내놓아야 할 한전은 뒷짐만 지고 지하 매설을 대안으로 제시하는 밀양 주민의 의견을 묵살하고 무조건 철탑을 세워야 한다는 주장만 되풀이했다. 다섯째, 전력난 때문에 송전탑이 불가피하다는 한전의 주장은 거짓. 밀양에서 벌어지는 모든 폭력적인 사태는 UAE 원전 수주를 둘러싼 이명박 정권의 사기서 비롯되었다."[4]라는 내용이 들어 있었다.

경제적 효율성을 내세운 개발은 항상 '국민을 위해서'라는 애매한 인도주의의 견지에서 합리화된다. '당하는 그들을 위해서'라는 것이다. 이에 대해 하워드 진은 또 이렇게 말했다. "이런 갈등의 세계, 희생자와 가해자의 세계에서, 가해자의 편에 서지 않는 것이 생각 있는 사람이 할 일이다.(32쪽) …… 콜럼버스로부터 코르테스, 피사로, 청교도들에게 이어진 이 모든 유혈과 속임수가, 인류가 야만에서 문명으로 진보하기 위해 꼭 필요한 것이었을까? 인종말살의 이야기를, 더 중요한 인간 진보의 이야기 속에 묻어버린 것이 옳았을까? 스탈린이 소련의 산업 발전을 위해 농민들을 강제이주시켰을 때라든지, 처칠이 드레스덴과 함부르크를 폭격했을 때, 트루먼이 히로시마에 원자탄을 투하했을 때 말한 것처럼 설득력 있는 주장을 펼 수 있을지도 모르겠다.(44쪽) 만약 인간 진보를 위해 반드시 치러야만 하는 희생이라는 게 존재한다면, 희생당하는 바로 그 사람들이 스스로 결정을 내려야 한다는 원칙을 견지하는 게 가장 중요치 않을까?(45쪽)"

여기서 인용한 씨앗문장은 모두 2013년 10월 10일(목요일) 수업시간에 학생들의 노트와 암기에 들어 있던 내용이다.

밀림 생활이 야만의 삶으로 묘사되듯, 농촌 생활 역시 근대인들에게는 도회보다 못한 삶이었다. 말은 안 하지만 농촌의 삶을 '은근히 비문명처럼 여기도록 조장되었다.' 아직도 한국전력은 '원활한 전기수급'을 이유로 들고, '원자력만 한 효율성이 어디 있느냐'고 묻고 있다. '삶의 터전'이라든지, '이웃', '땅', '정', 이런 어휘는 한전을 비롯한 개발주의자들의 사전에는 없다.

영국/미국인들이 아메리카를 침략하고 인디언을 학살했던 속임수와 야만성 속에는 사유재산에 대한 무한한 욕망과 충동이 숨어 있었다. 깃발을 꽂을 수 있는 데까지 힘껏 달려서 '내 땅'이라고 확정지어야 했다. 땅이 부족하면 그들의 욕망과 충동은 인디언 종족 전체를 살육하는 방향으로 전환됐다.

아마 송전탑을 반대하는 밀양 주민들에게서 '밀양성密陽性'를 거세하고 싶을 것이다. 인디언들에게서 인디언성을 제거하여 미국 시민, 브라질 시민으로 만들려고 했던 것처럼.

나는 인종말살과 민족말살을 나누는 인류학자들의 논의가 좀 한가롭게 느껴질 때가 있다. 인종말살만 종족의 절멸을 추구하는 게 아니다. 민족말살 역시 동화를 거부하면 절멸을 강요한다. 둘은 구분되는 것이 아니라, 상황에 따른 선택일 때가 많다. 그래서 밀양에 투입된 공권력이 어둡게 느껴진다.

하워드 진이 '역사의 패배'가 갖는 의미에 대해 언급하면서 한켠에서 풍겼던 다소 슬픈 어조는 유보해야 할지 모른다. 그가 말한 '역사의 희망'에 방점을 찍어야 하기 때문이다. 왜냐하면 인디언 절멸 시도는 (원주민 인구는 콜럼버스와 코르테스 이후 적어도 원래 인구의 10분의 1이하로 줄었다.) 자본주의를 앞세운 근대 문명의 가당찮은 오만과 함께 시작하여 간간이 승리를 거둔 듯이 보였는지 모른다. 하지만 이제 시간이 흘러 상황이 바뀌었다. 사람들이 근대 문명에 기죽지 않기 때문이다. 기죽기는커녕 반격을 준비하고 있기 때문이다.

우리는 이제 새로운 생활양식을 실천할 적절한 시점에 이른 듯하다. 밀양으로 인하여 미래가 성큼 다가온 느낌이다. 밀양의 저항은 인

송전탑 건설을 반대하는 어른들의 싸움은 밀양이라는 지역, 2010년대라는 시기를 떠나 훨씬 근원적인
질문을 던지고 있다. 삶의 터전을 빼앗는 방식으로 전개된 근대 문명에 대한 대안을 요구하는 것이다.

디언의 저항이다. 함께 살 수 있는 길에 대한 깨달음과 진화의 결과이다. 그래서 어떤 길이 낭떠러지인지, 걸어서 안전한 길인지 안다. 밀양과 아메리카의 연기緣起, 되살아남이다.

밀양은 인디언이다. 복괘(復卦. 땅은 위, 천둥은 아래, 그래서 지뢰地雷복), 땅 밑에서 천둥이 치며 치세治世로 나아가는 『주역周易』의 괘이다. 역사의 승패를 거론하고 싶지 않지만, 밀양 인디언들이 이길 듯하다. 또 이겨야 한다. 한국전력이 이기면 일부만 잠깐 살고 결국 모두 패배할 것이지만, 밀양 인디언들이 이기면 다 같이 살고 그렇기에 모두 이길 것이기 때문이다.

1) 하워드 진, 유강은 옮김, 『미국민중사』, 이후, 2006, 33쪽.

2) '씨앗문장'이란 이만교 선생의 『나를 바꾸는 글쓰기 공작소』(그린비, 2009)에서 제시된 용어이다. 책을 읽다가 마음에 닿는 문장을 가리킨다.

3) 에릭 홉스봄, 강성호 옮김, 『역사론』, 민음사, 2002, 384~385쪽.

4) http://blog.daum.net/jieun1229/9 '실천하는 몽상가.'

나는 보수다

    정치를 하면 무엇을 가장 먼저 하겠느냐는 질문에, 공자는 "반드시 해야 할 게 이름을 바로잡겠는 거겠지![必也正名乎!]"라고 답했다.[5] 처음 이 글을 보았을 때 '뭐 이런 대답이 다 있어?' 하며 시큰둥했던 기억이 있다.

    이 대목이 아니더라도, 배우고 때맞춰 공부하면 즐겁다느니, 남이 알아주지 않아도 꽁하지 않으면 군자라느니, 별로 다가오지 않는 내용이 이 노인네 말씀에는 무척 많았다. 친구가 멀리서 오면 즐겁다는 말은 그래도 수긍이 갔다. 한잔하는 날이니까. 이처럼 『논어』는 근사한 말보다 대부분 일상 얘기로 되어 있고 친구, 부모, 배움, 몸가짐, 이런 것만 얘기하고 있다.

『논어』 첫머리에 나오는, 그래서 『논어』를 읽지 않은 사람도 다 아는 '학이시습지불역열호學而時習之, 不亦說乎'의 '시時'는 '때때로'가 아니라 '때맞춰'라는 뜻이다. "배우고 때맞춰 익히면 기쁘지 아니한가." 이 '때맞춰'는 '리듬 있게!'라는 뜻이다. 그렇기에 배우는 게 춤추듯 즐거운 일이 될 수 있다는 말이다.

'학이시습지'에 이어 '인부지이불온, 불역군자호!人不知而不慍, 不亦君子乎'가 나온다. "남들이 자기를 알아주지 않아도 화내지 않는다." 스스로 뿌듯하기 때문이다. 스스로 뿌듯하기 위해서는 내공이 필요하다. 아마 군자의 내공은 있어야 남이 몰라줘도 혼자서 뿌듯할 듯하다. 바꾸어 말하면 남들이 알아주지 않아도 화를 내지 않는 것은 군자의 내공이 있다는 증거이다. 이 구절을 이 정도로 짐작하게 된 것 역시 그리 오래되지 않는다. 다만 친구가 멀리서 오는 게 즐거운 이유가 단지 술 한잔 때문만이 아니라는 것은 비교적 오래전에 알았던 편이다.

이런 일이 있었다. 연평도 포격 당시 보온병을 갖고 폭탄이라고 쇼를 했던 집권당 대표 안아무개라는 사람이 전직 대통령 김아무개를 만났는데, 안아무개는 그 자리에서 "요즘 도에 지나치는 일이 많다."라고 했다. 이 일로 누리꾼들이 자지러졌다. 그는 그 발언 얼마 전 '자연산 운운' 하며 성형하지 않은 여성의 성매매를 입에 올린 터였다. 이쯤 되면 우리는 '도道'가 뭔지에 대해 심각한 혼란에 빠진다. 정말이지 길 가다 보면 나를 붙잡고 "도를 아세요?"라고 묻는 그분들을 붙잡고

'도'에 대해 묻고 싶을 지경이다. 그러니 어찌 공자가 생각나지 않겠는가.

반동? 보수?

정작 '정명正名'이 생각났던 이유는 다른 데 있었다. 『프레시안』에서 추천하길래, 『보수는 어떻게 지배하는가』(앨버트 허시먼 저)라는 책을 본 적이 있다. 허시먼Albert O. Hirschman은 '보수'의 수사학修辭學을 역효과론Perversity, 무용론Futility, 위기론Jeopardy으로 요약하고 있다.[6]

비꼬기는 일종의 역효과론인데, 이를테면 '해봐야 역효과만 난다', '취직 공부 안 하고 길거리 나와 촛불시위 해봐야 저만 손해다', 이런 논법이다. 무용론은 '그놈이 그놈이다', '해봐야 안 바뀐다', '그게 그거다'라고 암시하는 논법이다. 위기론은 '무상급식은 복지 포퓰리즘'이라는 식으로, 해결해야 할, 해결할 수 있는 문제를 체제 위기로 비약시키는 논법이다. 알기 쉬운 듯하면서도 실제로 많은 사람이 걸려드는 프레임(논의의 틀)에 대한 비판인지라 유익하겠다 싶어서 구입했다.

그런데 책을 사고 원래 제목을 보니 'The Rhetoric of Reaction'이었다. 원래 'Reaction'이 '보수保守'였나? '반동反動' 아니었나? 그렇다. 보수는 'Conservative'이다. 그러니까 이 책의 원래 제목은 『반동의 수사학』이었던 셈이다. 그러면 그렇지!

지금 영어 단어를 틀리게 썼다고 따지는 것이 아니다. 오히려 'Reaction'을 '보수'로 번역하게 만드는 데 한국 사회 정치지형의 특성이 있다고 생각한다. 그리고 정치지형의 특성 이전에 '보수/진보'라는 이름 자체의 모호성을 문제 삼아보자는 의미에서 드러낸 것이다.

노자가 벌떡 일어날 오역

우리는 'Reaction'을 '반동'이라고 하는데, '반동'은 한자로 '反動'이라고 쓴다. 이 용어 역시 일본 메이지 시대 이후 번역되었으리라 추측하는데, 사실 나는 이 번역이 기가 막힌 오역이라고 생각한다. '反動'은 어원상 '反者, 道之動', 풀면 "돌아가는 것이 길의 움직임이다."라는 말에서 나왔다.[7] 피가 내 몸을 돌 듯이, 사계절의 순환이 있듯이, 사람이 태어나면 흙으로 돌아가듯이, 그것이 우주의 길이 움직이는 양태라는 것이다.

당초 'Reaction'은 어떤 작용에 대한 반발, 추세에 대한 거스름을 의미한다. 'reagere'라는 동사에서 온 중세 라틴어 'react done again'에 기원을 두고 있는데, 17세기 무렵 영어에 등장했다고 한다. 그러다 점차 '변화해야 할 시점에서 변화하지 않는 태도'를 가리키는 부정적인 의미로 사용되었다. 짐작하듯이, 바로 프랑스 혁명(1789)을 거치면서이다. 그래서 전통적인 체제나 가치를 유지하려는 입장에 있는 사람들이 자신을 보수라고는 불러도 반동이라고는 부르려고 하지 않는다. 잘 이해가 가지 않으면 '보수 반동'이라고 한번 발언해보기 바란다.

허시먼은 프랑스 혁명에 대해 비판적 태도를 취하며 '시계를 거꾸로 돌리려 했던 사람들'이 '반동파Reactionary'였다고 정확히 관찰했음에도, 자신은 가치 판단 없이 '반동'이란 말을 사용하고 싶다고도 말했다. 그러나 이 용어에 담긴 역사성 때문에 그건 가능하지 않다.

보수주의자의 입장에서는 싫겠지만, 'Reaction'은 자주 '보수 반동'으로 사용된다. 사전에도 'Reaction'이란 표제어를 보면 반동이란 뜻과 함께 보수라는 뜻도 같이 나온다. 그러나 보수주의자보다 더 슬픈 이는 노자老子일 것이다. '反動'이 21세기, 아니 19세기 이후로는 '반동분자'로 쓰인다는 걸 노자가 안다면 표정이 어떨까.

이렇게 된 데에는 이유가 있다. 열쇠는 선형적線型的 역사관이다. '선형'은 '줄 같은 모양'이라는 뜻이다. 자유든, 민주든, 생산력이든 역사가 뭔가를 향해 나아가고 있다는, 즉 지금은 그 과정이라는 세계관과 맞물려 있다. 과거는 현재나 미래보다 항상 열등하다. 물론 실제로는 선형적이지 않은 역사의 경험도 많은지라 종종 나선형螺旋形 전개니 뭐니 하지만, 기본 구조는 같다.

코젤렉이 『개념사 사전 2』의 '진보Fortschritt' 편에서 지적했듯이,[8] 근대의 진보 개념은 이전의 종교적 진보 개념에서 보여준 세상의 종말에 대한 기대를 열린 미래로 바꾸었다. 자연에 대한 지식의 증가와 함께 비로소 역사적 시간이 진보한다는 해석이 가능해진 것이다. '삶의 개선'이라는 목표! 그걸 종종 이 땅의 정치한다는 사람들은 2만 달러, 4만 달러로 표현하기도 한다. 내가 어렸을 때는 1,000달러 소득이 화두였던 것처럼.[9]

그러니 보수 아니면 진보밖에 없는 것이다. 가만있든지, 앞으로 가든지 둘 중 하나. '진보' 아니면 '보수=반동'이기 때문에 그 소리가 듣기 싫어서 합리적 보수니, 중도 보수니 한다. 그러나 원래 이 선형성의 시간관, 역사관에 중도는 없다.

그런데 시간의 흐름에 대한 태도가 가치 판단의 대상이 될 수 있을까? 어떤 미시적 시간 동안은 가능할 수도 있다. 예를 들어 지금 우리가 술 마시다 대통령 욕했다고 잡아가는 군사독재 치하에 있다거나, 아이들 밥값 예산을 삭감하고 강산을 불도저로 도륙하는 폭정 아래 있다고 한다면, 이 폭정을 종식하는 어떤 미래의 시점을 목표로 설정할 수가 있다. 이럴 때는 지금에 만족하고 사느냐, 아니면 설정된 미래에 더 가치를 두느냐는 가치 판단의 대상이 될 수 있다.

중첩된 혼돈, 혹세무민

그러나 이런 구분이 모든 역사의 시간에 적용될 수 있는 것은 아니다. 왜냐하면 어른이 되기 위해 아이가 있는 것이 아니듯, 죽기 위해 사는 게 아니듯, 모든 시간에는 그 시간 또는 시기의 존재 이유, 즉 생명의 작동이 있기 때문이다. 그래서 '중용中庸'은 언제나 '시중時中'일 수밖에 없다.[10] 이것이 '존재의 시간성'이다. 위의 사례에서처럼 목적론적 시간관이 적용될 수 있는 경우조차도 그러하다. 결국 내가 판단하기에, 특정 시기에만 가능한 개념을 무한한 시간의 영역으로 확장해버린 것이 근대의 '보수/진보'라는 용어이다. 그런 만큼 당연히 허술하기 짝이 없는 개념이다.

더욱 문제는, 한국 사회는 20세기에 겪은 적지 않은 굴곡 때문에 보수/진보 개념이 한층 뒤틀려 있다는 점이다. 그러다 보니 자기 나라 군사 작전을 자기들 맘대로 하자는 전시작전통제권조차 다른 나라에 맡기자며 벌건 대낮에 시청 앞에서 성조기를 흔드는 것도 보수, 공영방송사 앞에서 가스통을 놓고 불을 댕긴다며 행패를 부려도 보수, 서울시 겉치레할 돈은 있어도 아이들 밥 그냥 줄 돈은 없다고 버텨도 보수가 된다. 간단히 말하면 매판, 부패, 후안무치가 보수의 탈을 쓴다.

이렇게 보수가 '애매하고 폭넓게' 규정되다 보니, 진보의 범위도 덩달아 모호해졌다. '이런 보수'와 구별하려다 보니 정작 보수인 사람이 진보에 들어가 있고, '이런 보수'에 섞여 있는 사람은 '이런 보수'와 자신을 구별하려고 진짜 보수라는 뜻에서 합리적 보수니, 중도 보수니 하는 듯하다. 말하는 나도 헷갈린다. 그 태생적 선형성 때문에 답답하고 협애한 개념인 보수/진보의 성격이 이런 모호함으로 인해 더욱 혼란스러워졌다.

군자/소인, 왕도/패도

보수/진보는 선형적 역사관과 거리가 멀었던 과거 동아시아에서 정파를 구분하는 방식과는 거리가 멀다. 우선 시간이 2013년 다음에 2014년, 2015년, 이런 식으로 이해되지 않았기 때문에, 즉 '반동'에서 '길[道]'을 읽어내는 사유 방식으로 세계를 이해했기 때문에 시간의 선후로 정파가 구분될 수 있으리라고 생각하지 않았다. 그보다 동아시아에서는 공동체의 삶에 대한 기여 여부, 제도나 형정刑政과 인간의 자발성에 대한 태도에 따라 공公과 사私를 구분하고, 그에 따라 군자당, 소인당으로 나누는 방식을 취했다. 예컨대, 공직에 있으면서 자기 기업에 혜택을 주거나 자기 자식을 취직시키면 소인배, 안 그러면 군자라는 식이었다. 대개 소인은 소인끼리, 군자는 군자끼리 어울리는 경향이 있었는데, 물론 어중간한 사람들도 있었고, 소인당이 이기는 경우도 종종 있었다.

이와 관련하여 잘 알려진 사례가 중국 송나라 때 사람 왕안석王安石(1021~1086)을 둘러싼 논란이다. 왕안석 연구의 권위자라고 하는 제임스 류James T. C. Liu 교수 이래로 왕안석의 신법新法을 진보적 개혁으로, 사마광司馬光(1019~1086) 등 구법당舊法黨을 보수 진영이라고 불렀다.[11] 명칭 자체가 '구'법당이니 당연히 우리에게는 '보수 진영'으로 각인되었다.

실은 저자인 제임스 류보다 역자 때문에 왕안석과 사마광이 진보와 보수로 인식된 느낌이 적지 않다. 역자 이범학 교수는 왕안석을 법가法家로 분류하고 있으나, 제임스 류 교수는 왕안석이 법령의 강제나 부국강병을 추구했다기보다 급진적인 유가 정도의 인물이라고 평가하고 있다. 하지만 왕안석이 국가 관료기구, 국가권력을 개혁의 중심으로 생각한 것은 틀림없고, 목표 역시 일반 민생의 안정보다는 국가 재정 확보에 두었다. 그 결과는 관료들의 전제주의 강화, 신법파의 권력 남용으로 나타났다. 이런 전반적인 이유 때문에 신법이 훗날 패도覇道로 비판받게 되었다.

결론적으로 말하면, 제임스 류는 송대 성리학자들의 국가와 공동체에 대한 태도를 잘 몰랐기 때문에 왕안석의 정책에 대한 당시의 논란을 올바로 이해할 수 없었다. 예를 들어, 주자朱子(1130~1200)는 왕안석의 청묘법靑苗法(농민을 고리대에서 보호하려는 취지에서 만든 법)에 대해, "청묘법은 …… 백성들에게 곡식이 아니라 돈을 지급하며, 처리 단위가 현縣이지 향鄕이 아니다. 그 자리에 관리를 임명하고, 지역 사회의 사군자士君子를 임명하지는 않는다. 따라서 한 읍에는 시행할 수 있지만, 천하에는 시행할 수 없다."라고 비판했다.[12]

주자에게 '현縣'은 중앙 정부의 연장이자 국가권력의 표현이었다. 일견 긍정적으로 보이는, 국가에서 고리대에 시달리는 농민들에게 돈을 지급하는 일조차 국가 중심의 해결 방식이라는 이유로 비판했다. 돈은 국가에서 통제할 수밖에 없는 것이다. 그러므로 주자는 시폐時弊를 국가 중심으로 해결하려는 시도, 즉 향촌이나 마을 같은 지역의 자발성에 기초하여 해결하지 않는 시도의 위험성을 읽었다. 왕안석의 개혁은 곧 국가권력의 강화, 관료기구와 법제의 강화를 의미하였고, 패도로 가는 길이라고 인식했던 것이다. 주자의 이런 견해는 요즘 눈으로 보면 현실 감각이 떨어지고 우활하게 보일지 모르지만 정치에 대한 깊은 통찰이 숨 쉬고 있다.

삶은 리듬이 필요하다

왕안석의 신법을 둘러싼 당대의 논쟁을 보면, 변화에 대한 철학에서 작금의 보수/진보가 송나라 지식인들보다 깊이 있다고 보기는 어렵다. 그뿐만 아니라 변화나 개혁은 보수/진보 어느 쪽의 전유물도 아니다. 더욱 큰 문제는 이 혼란스러운 보수/진보 용어를 계속 써야 하는가이다. 불행히도 당분간은 쓸 수밖에 없다고 생각되기 때문에, 최소한의 줄을 그어놓는 편이 좋을 듯하다.

나는 사회적, 생물학적 재생산 단위인 '가족'의 존재를 중시한다. 적어도 현재의 생물학적 진화 수준이 유지되는 한 새끼를 양육하기 위한 안정적 기본 단위는 가족이라고 생각하기 때문이다. 이만하면 지구상에, 그리고 한국 땅에 인간의 개체수가 넉넉해졌으니만큼 재생산 구조를 갖춘 가족이 유지되는 한, 굳이 여러 가지 변형태의 가족을 부정하지 않는다.

　한편 그 가족을 유지하고 사회적 재생산을 유지하기 위해서 사회가 안정되길 바란다. 여기서 말하는 안정은 삶의 리듬을 말한다. 봄이 오면 씨 뿌리고, 가을이 오면 거두는 것과 같은 리듬. 예측할 수 있는 경제활동이 보장되지 않으면 사회를 전복하려는 불안 세력이 나타난다. 그러므로 노동자 같은 월급쟁이, 농사를 짓거나 구멍가게를 하는 자영업자들이 이만하면 살 만하다는 느낌이 드는 사회가 되어야 한다. 그들이 그렇게 살 수 있도록 일련의 정책을 만들어주고, 이를 방해하는 세력은 교육을 통해 교화하며, 그래도 안 되면 법에 따라 처리해야 한다. 그러자면 당연히 손상익하損上益下, 많이 버는 사람들에게서 덜어서 못사는 사람들에게 보태주어야 한다. 그래야 재정이 안정된다.

　재정, 즉 세금 말이 나왔으니, 군대 얘기도 하고 가자. 당연히 보수는 군대를 가야 한다. 아파서, 집안이 어려워서 군대를 못 가면 안타까운 마음에 규정된 방법에 따라 다채롭게 국방의 의무를 수행해야 한다. 특히 아프다든지 하는 사소한 이유로 군역軍役을 회피한 경우, 공직에 진출할 때 심각한 불이익을 주어야 한다. 종교, 사상 등의 이유로 군역을 거부하는 성원에게 이를 강요하는 것은 보수다운 태도가 아니다. 내 자식은 기꺼이 군대에 보내되, 사상을 이유로 군대를 거부하는 성원에게는 다른 방식으로 사회에 기여할 길을 찾아주어야 한다.

　무엇보다 수천 년 동안 사람들이 살면서 축적한 공통의 느낌, '그러면 못 쓴다'에 들어가는 일을 해서는 안 된다. 거짓말이나 부끄러운 짓은 하지 않되, 어쩌다 하게 되면 뉘우친다. 없는 사람이라 깔보지 않고, 못 가진 사람이라 업신여기지 않는다. 보수라고 부르든 진보라고 부르든, 이런 정도는 되어야 사회에 기여하는 '군자'가 될 수 있다.

몇 년 전, 가까운 후배가 말했다. "내가 보기에 형은 보수인데, 남들은 형을 진보로 알고 있어요." 한동안 부정했는데, 이제 그의 말이 사실임을 인정한다. 나는 보수다! 나는 인간들이 수천 년 쌓아온 삶의 지혜와 가치를 신뢰한다. 그렇기에 고전학자, 역사학자라는 자부심을 가지고 산다. 여기서 출발한다. 그러니 앞으로 위에 정리한 정도가 안 되는 자들은 제발 보수라는 말을 쓰지 않았으면 좋겠다. '보수'인 내 자존심이 상한다.

이미 짐작한 분도 계시겠지만, 이 글은 그 자체로 질문이다. 그런데 질문을 하나 더 얹어야겠다. 명색이 역사학자인데, 자신이 책임질 답변을 떠넘기는 듯해서 죄송하다. 이런 기억이 있다. 전주에서 올라오는 길에 버스가 천안삼거리 휴게소에 멎었다. 커피를 한 잔 마시는데, 옆에서 초등학생 몇이서 어묵을 먹으며 떠들고 있었다. 여행을 다녀오는 모양이었다. 그들이 나누는 대화가 내 귀에 들어왔다.

"구제역口蹄疫이 왜 자꾸 퍼지는지 알아?" 한 아이가 심각하게 물었다. 마음이 무겁던 차에 호기심을 자아내는 질문이기에 본의 아니게 엿듣게 되었다. "이게 다 쇠고기, 돼지고기 수입해오려고 그러는 거다. 우리나라 소, 돼지 다 죽어버리면 수입해오는 수밖에 더 있냐! 미국에서 수입해오려고! 그래서 퍼져도 놔두는 거야!"

단호한 그 아이의 해석도 해석이지만, 다른 아이들이 모두 고개를 끄덕였다는 게 중요하다. 역사학자가 볼 때, 그 아이의 말이 사실fact 인지 아닌지는 모르겠지만, 그 초등학생들의 민심 자체는 사실로 보아야 할 듯한데, 여러분 생각은 어떠신지. 그런데 이런 역사학자의 직업적 질문을 떠나, 정말 인간이 다른 동물에게 이래도 되는 걸까?

5) 『논어(論語)』 「자로(子路)」.

6) 앨버트 허시먼, 이근영 옮김, 『보수는 어떻게 지배하는가』, 웅진지식하우스, 2010.

7) 『노자(老子)』 40장.

8) 라인하르트 코젤렉, 황선애 옮김, 『개념사 사전 2』, 푸른역사, 2010.

9) 1972년 10월 유신으로 장기 독재의 길을 열었던 박정희는 국민들에게 1,000불 소득, 100억 불 수출의 슬로건을 내걸었다. 초등학교 6학년이었던 나는 10월 유신을 찬양하는 포스터를 그려 최우수상을 탔고, 상품으로 공책 5권을 받았다.

10) 통상 '시중(時中)' 장이라고 불리는 『중용』 2장에서 공자가 말하기를 "군자는 중용을 하고, 소인은 중용에 반한다. 군자의 중용은 군자답게 그 시기에 적합하고, 소인의 중용은 소인답게 시기를 무시하고 거리낌이 없다.[君子中庸, 小人反中庸. 君子之中庸也, 君子而時中; 小人之中庸也, 小人而無忌憚也]"라고 하였다.

11) 제임스 류, 이범학 옮김, 『왕안석과 개혁정책』, 지식산업사, 1991. 제임스 류의 중국 이름은 리우쯔지엔(劉子健)이다.

12) 『朱文公文集』 권79, 「婺州金華縣社倉記」(학민문화사 영인본 『朱子大全』).

'세습'을 계기로, 질문

　세습世襲, 대대로 잇는다는 말이다. 세습이라고 하면 어떤 느낌이 드는가? 아마 음울한 과거 어떤 시대가 떠오르거나, 낙후된 이미지가 겹칠 것이다. 20대인 젊은 김정은이 북한(조선민주주의인민공화국)의 후계자가 되자 다시 세습이란 말이 적지 않게 회자되고 있다. 북한 정치 체제의 왕조적 성격을 비판하는 사람들은 3대 세습이라는 사실 때문에 자신들의 주장에 힘을 실어 한층 목소리를 높이면서도, 21세기 휴전선 너머 저쪽에서 그런 일이 엄연히 벌어지고 있다는 사실에 한편으로는 당혹스럽기도 한 모양이다.

남북의 평화 정착을 목표로 일하던 사람들에게도 이런 당혹감은 별로 다르지 않은 듯하다. 당시 『한겨레21』에서는 아예 '발가락도 닮았을까'라고 표지 제목을 뽑았고, '3대 권력 세습의 이상한 나라 북한'이라는 부제에 이어 '진보 지식인 설문조사 만장일치 비판'이라고 부제를 달았다.[13] 원래 진보의 입장에서는 정치권력의 세습에 반대하게 되어 있다. 세습은 과거의 낡은 무엇이기 때문이다.

지금 세습 얘기를 꺼내는 이유는 북한의 세습 체제를 논하기 위해서가 아니다. 그보다는 북한의 정권 세습이라는 사건이 우리의 주목을 끌고 있는 현실을 계기로, 그동안 제대로 다루어진 것 같지 않은 '사람들이 권력을 부여, 또는 위임하는 방식'에 대해 생각해보고 싶다. 다시 강조하지만, 이것은 질문이다. 역사학도로서 가지고 있는 의문 중 하나는 도대체 왜 어떤 시기에는 추장제會長制가, 어떤 시기에는 왕정이, 어떤 시기에는 민주정이 유력한 정치제도로 등장했는가 하는 점이다.

또한 이 질문에는 경계해야 할 획일성이 있다. 뒤에 말하겠지만, 이런 제도는 단계적으로 발달해온 것이 아니라 오히려 지금 우리의 삶에도 중층적으로 작동하고 있다. 다소 아둔한 생각인지 모르지만, 나는 이들 정치제도 사이에 과연 어떤 우열이 존재할 수 있는지 의심하고 있다. 그러니까 이런 질문, 의문에 대해 도움을 받고 싶은 것이다.

민주주의 제도의 역사성

많은 사람이 근대 민주주의를 우월한 정치제도라고 생각하는 것 같다. 태생이 아니라 능력이나 선거를 바탕으로 권력을 행사할 수 있는 지위를 획득하는 것이 합리화 과정, 즉 근대화의 과정이라고 생각하는 듯하다. 그런데 이런 시각의 중심에는 '개인'이 있다. 개인의 발견, 아니 재해석이 근대주의의 핵심이라고 본다. 그 개인은 무엇보다 소유권의 주체, 즉 노동력이든 상품이든 사고팔 수 있는 주체로 설정되었다. 거래의 주체인 '나'가 곧 근대 법치주의의 중심에 서는 것이다.

세습이 아닌 선거를 통해 한 나라의 정치를 맡기는 데에는 이런 경제적, 철학적 배경이 있다. 아울러 나라에 전문성이 필요한 영역은 고시考試로 충원한다. 그래서 선거와 능력이 근대의 인재를 확보하는 주요 방법이 되었고, 거칠게 말하면 이것이 민주주의로 정착되었다. 당연히 여기에는 평등 이념이 결합한다. 자유주의와 민주주의의 대립적 성격을 말하지만, 그리고 역사를 보면 둘이 대립하기도 했지만, 동시에 매우 밀착되어 있었다는 것이 나의 관찰이다.

이런 점에서 민주주의는 어떤 경제적 토대, 사상, 사회생활이 결합하면서 만들어진 것, 흔히 하는 말로 역사적 산물이다. '역사적 산물'이란 말은 그 사태에 필연성을 부여하는 듯하지만, 한편으로는 상대화해서 볼 수 있는 여지를 준다. 그런 일이 생길 수 있는 시대의 조건에 눈을 돌리게 만들기 때문이다. 물론 사회에서 누구나 평등한 기회를 갖는 것이 중요하다는 사상, 능동적 주체로서의 개인에 대한 착상은 중요하다. 그런데 이 이상理想은 매우 오래된 인류의 희망이었다.

맹자와 아리스토텔레스

각각 중국 산둥성山東省과 지중해 근처 아테네에 살았던 두 사람은 우리에게 재미있는 관찰의 결과를 들려준다. 이 둘은 살았던 시기도 비슷하다(맹자는 기원전 372?~289?년, 아리스토텔레스는 기원전 384~322년에 살았다). 중국 고대 정치사에 전해오는 말에 따르면 요堯 임금은 순舜임금에게 선위禪位했고, 순임금은 우禹임금에게 선위했는데, 우임금부터 왕조가 시작되었다. 이것이 하夏나라이다. 이 사건을 맹자의 말로 요약해보자.

왕이라고 해서 맘대로 천하를 누구에게 줄 수 없다. 하늘만이 준다. 요임금이 죽자 백성들은 요임금의 아들 단주丹朱에게 가지 않고 순임금에게 모였고, 순임금이 죽자 백성들은 순임금의 아들에게 가지 않고 우임금에게 모였다. 우임금이 죽었을 때 백성들이 우임금을 보필한 신하 익益에게 가지 않고 우임금의 아들 계啟에게 모였다. 계가 백성들에게 끼친 덕德(공적)과 현불초賢不肖(자질)에 따라 그렇게 된 것이다.[14]

흔히 말하는 요순 시절이란 농사지으면서 정치를 맡아볼 수 있는 시대, 즉 요즘으로 치면 '동네 이장' 정도의 정치가 필요했던 시대로 나는 생각한다.[15] 맹자는 선위와 세습 사이에 우열을 매기지 않았다. 또 그것은 인격과 사회적 조건에 따라 결정된다는 점을 명시했다. 이를 맹자는 '천天'이라고 표현했다.

이런 점에서 아리스토텔레스는 맹자와 생각이 같았다. 그는 『정치학Politika』에서 정치제도로는 왕정, 귀족정, 혼합정이 있는데, 그것은 인구나 지형 같은 자연적 조건 또는 사회 구성에 따라 달라진다고 했다.[16] 그리고 왕정이 왜곡되면 참주정(독재)이 되고, 귀족정이 왜곡되면 과두제가 되며, 혼합정이 왜곡되면 민주정이 된다고 보았다. '민주정'을 왜곡이라고 본 점이 특이하다. 그리고 참주정은 통치자 한 사람의 이익을 위한 체제이고, 과두정은 부자의 이익을 위한 체제이며, 민주정은 빈자의 이익을 위한 체제라고 보았다.

이장 선거에 대한 기억

일단 두 사람 모두 정치체제 사이에 우열을 두지 않았다는 점, 특히 그 정치체제가 어떤 단계적 발전이나 진보의 소산이 아니라고 본 점을 기억해두자. 나도 이런 견해에 동의하는 편이다. 한데 이들 정치체제는 역사적 산물일 뿐 아니라 서로 다른 정치체제가 동시에 존재할수도 있다. 이런 현상은 당연할 수밖에 없다. 우리 인간들에게 나라 차원에서만 정치제도가 필요한 것은 아니기 때문이다. 이를 이해하기위해 나에게 화두처럼 남아 있는 두 가지 사례를 들어보겠다.

10여 년 전으로 기억한다. 강릉 근처 어떤 마을이 텔레비전 특집 프로그램에 방영된 적이 있다. 소재는 마을의 내분. 문 닫고 사는 일 없이 사이좋게 지냈던 마을 사람들이 둘로 갈라지게 된 데에는 이장 선거가 있었다. 이장 선거에 두 사람이 나왔는데, 지지하는 대상에 따라 마을이 갈리다가 기어코 인신공격성 비난이 난무하기에 이르렀고, 결국 같은 동네에 살면서 아는 척도 하지 않는 지경에까지 이르렀다고한다. 선거의 페어플레이나 결과에 대한 승복 등을 잣대로 이런 상황을 비난하기 전에 먼저 해야 할 것은 "과연 이장까지 선거를 해서 뽑아야 하는가?"라는 질문이라고 생각한다.

이와는 상반된, 이장 선출에 대한 나의 어릴 적 추억을 떠올려보겠다. 우리 집 사랑방에 어른들이 모였을 때, 완구 할아버지는 "이번엔 상석이 아버지가 허지?"라고 운을 뗐다. 그러면 여기저기서 고개를 끄덕이고, "그랴, 이번에 고생 좀 혀!" 하는 원선이 아버지의 재청再請 발언이 이어졌다. 그리하여 특별한 문제가 없는 한 상석이 아버지가 맡게 되는 자리가 이장이었다. 동네라는 사회의 규모가 선위가 가능한 정도, 즉 순임금이 왕위를 물려받을 수 있는 정도이고, 서로 대략 (실은 너무나 잘) 알기 때문에 이런 방식의 합의로 맡길 수 있는 조건이 되었기 때문이다. 물론 뭔가 이권이 있을 수도 있다. 그러나 이권 역시 그 집단의 규모와 작동 방식에 따라 제어될 수 있다.

선거는 언제나 합당한가

이장 선거와 비슷한 문제점을 낳았던 것이 총장 선거이다. 대학을 어떻게 이해하느냐에 따라 총장의 위상도 달라질 것이다. 적어도 학식과 덕망이 기준이라는 점에 이견이 없다면, 교수나 학내 성원들의 선거, 투표로 총장을 선출하는 제도에 대해서도 이장의 경우처럼 의문을 던질 가치가 있다. 한때 모 대학의 총장 선거 때가 되면 서울 강남의 룸살롱이 들썩였다는 소문이 있었다. 사실인지 확인하지는 못했지만, 선거가 혼탁 정도를 넘어선 것은 분명해 보였다.

한편에서는 선거제도가 얼마나 큰 희생과 노력을 통해 얻어졌느냐고 반문하는 분도 있다. 이해한다. 재산, 피부색깔에 따라 선거권이 제한되었다. 여성이 선거권을 쟁취한 것은 20세기 들어서였다. 하지만 그런 반문이 내 질문에 대한 답변이 될 수는 없다. 총장을 선거로 뽑는 방식이 타당한지, 나아가 보통선거가 갖는 의미가 무엇인지, 혹시 또 다른 획일화는 아닌지, 획일화를 통해 다른 방식으로 작동할 수 있는 집단이나 사회의 특성을 왜곡하고 있지 않은지를 물어보자는 것이다.

선거는 자신을 내세워야 한다는 치명적인 약점을 가지고 있다. 즉 단상에 나가 내가 잘났다고 나 스스로 말해야 한다는 것이다. 그러나 겸손과 공경을 빼놓을 때 매우 위험해진다.[17]

정치학의 학문적 성과를 모르고 하는 말일 수도 있다. 그러나 투표로 상징되는 정치 참여 방식이 마치 현실이나 규범의 측면에서 도달해야 할 그 무엇이라는 목적 합리성과 가치 합리성을 가진 것처럼 생각하는 경우가 많은 것을 보면, 내 질문이 무의미하지는 않으리라 여긴다. 아울러 정치학이 맹자나 아리스토텔레스 수준에 머물러 있지 않다면, 분명 정치체제에 대해 내가 궁금하게 생각하는 문제에도 어떤 견해나 통찰이 있을 것이다. 일러주시기 바란다.

그래야 우리 아이들이 학년 초마다 반복하는 반장, 부반장 선거가 얼마나 교육적 효과가 있고, 앞으로 이 땅에서 주인 노릇을 하는 데 얼마나 기여할 수 있는지 대답할 게 아니겠는가. 그뿐 아니라 우리의 삶에는 리더십 부여 방식이 얼마나 많은가. 적어도 논의가 그 리더십의 적절한 작동에 대한 고민으로 이어져야 하지 않을까. 그것이 북한 세습에 대한 백 마디 논평보다 훨씬 중요하다고 나는 생각한다.

13) 『한겨레21』 830호, 2010년 10월 18일.

14) 『맹자』 「만장상(萬章上)」. 덕(德)은 축적된 시간이다. 인민의 삶에 보탬이 된 시간이다.

15) 이 주제에 대해서는 연구를 좀 더 확장할 필요가 있다. 피에르 클라스트르(Pierre Clastres, 1934~1977)는 원시사회의 추장과 국가 발생 이후의 왕을 비교하면서, 정치권력이 추장에서 왕으로 발전하는 관점에 반론을 피력하였다. 둘은 권력의 형태가 다른 것이고, 이렇게 발전론적으로 정치권력을 이해하는 것이 서구 자민족 중심주의의 소산이라는 것이다. 피에르 클라스트르, 홍성흡 옮김, 『국가에 대항하는 사회』, 이학사, 2005. 나는 클라스트르의 이런 견해도 흥미롭지만, 조선시대 국왕 권력을 통제하려던 논리의 대부분이 추장제에서 발견되는 논리나 시스템이라는 점이 훨씬 흥미롭다. 이를테면 온 나라가 왕의 것이기 때문에 국왕은 땅이나 재물을 자기 것으로 하려고 해서는 안 된다는 논리나 사상은 추장이 종족 성원에게 무차별적으로 베풀었던 포틀래치(potlatch)와 닮았다.

16) 아리스토텔레스, 천병희 옮김, 『정치학』, 숲, 2009.

17) 『주역』 「겸괘(謙卦. 地上山下)」. 겸괘는 산이 땅 아래 있는 형상으로, 위에 있는 존재가 오히려 아래에 자리함으로써 덕을 실현하는 모습이다. '내가 더 잘났다'고 주장해야 하는 선거전은 이 겸괘에 반하는 덕을 요구한다.

방송에서 못다 한 말

전주대로 자리를 옮기고 나서 그 좋은 방학도 없이 동료 학자들과 위백규魏伯珪(1727~1798)라는 호남 학자의 문집 『존재집存齋集』을 번역하였는데, 당시 매주 수·목요일마다 아침 9시부터 저녁 6~7시까지는 합동 검토시간을 가졌다. 그동안 나온 논문들을 보면 위백규에 대해 '호남 실학자'라고 평가하고 있었다. 그런데 번역하느라 그의 문집을 꼼꼼하게 읽을 수밖에 없었던 우리는 다르게 생각했다. 위백규의 문집은 지방 학자가 성리학을 충실하게 공부했을 때 어떤 생각과

1부 _ 대지를 어떻게 사고파는가

행동을 하는지 보여주는 자료이다.[18]

　태풍이 지나간 뜨거운 날씨 속에서 예의 검토 모임을 하고 있었는데, MBC 라디오 「김미화의 세계는 그리고 우리는」 프로그램에서 전화가 왔다. 외교통상부 장관 유명환이 자기 딸을 특채한 일 때문에 누리꾼들 사이에서 현대판 음서제도蔭敍制度라고 비판받고 있으니, 음서제도에 대해 역사학자의 소견을 듣고 싶다고. 그런데 '현대판 음서제도'라는 말에는 이미 음서에 대한 부정적 인식이 들어 있다. 사람들이 행정고시의 폐지와 정실情實 인사를 두고 음서제도를 떠올린 모양이다. 내가 관심을 두고 있던 주제이기도 해서 승낙했다.

　인터뷰 요청받은 시간은 오후 2시 반쯤이었는데 방송이 그날 저녁 7시 28분부터 8~9분간이란다. 작가에게 질문지를 메일로 달라고 했다. 잠깐 몇 마디 나누다가 역사학자가 보는 이번 사건의 성격을 말해달란다. "천한 짓이지요." 했더니, 웃었다. 그런데 웃음에 경계가 묻어 있었다. 내가 방송 사고나 치지 않을까 염려했으리라.

　4시 30분에 작가가 보낸 질문지를 받았다. 약간 조정이 필요할 듯했으나, 상의할 시간이 없었다. 방송 전에 작가가 전화를 걸어 준비 상황을 물으면서 다시 '발언 수위'를 당부했다. 조금만 낮추어달라고. 거봐라, 내 말이 맞았지.

음서제에 대하여

　방송이 시작되었다. 간단히 음서제도를 정의하는 대화로 시작했다. 우리가 흔히 조상의 음덕蔭德이라고 하는데, '음蔭'이란 그늘, 덕택이란 말이다. 음서제도는 고려와 조선시대에 5품 또는 3품 이상을 지낸 관리의 자손이나, 나라에 공을 세운 공신의 자손을 우대해서 관원, 즉 공직자로 임용하는 제도였다. 보통 음보蔭補, 문음門蔭, 음사蔭仕, 음직蔭職 등으로 부른다.

음서는 사회나 문명의 여러 차원 중에서 국가 차원의 일이며, 그 사회에 대한 기여를 인정하여 보답하는 방법 중 하나이다. 먼저 공음功蔭이 있다. 나라나 사회에 공을 세운 집안 어른 덕에 관직에 간단한 시험만 치고 들어가는 것이다. 독립 유공자나 민주화 유공자에 대한 보상 방식에 음서가 들어갈 수 있겠지만, 민주화 유공자는커녕 독립 유공자의 자손들도 생활보호대상자를 벗어나지 못하는 나라에서는 이를 이해하기 쉽지 않다. 고위 관료도 오랫동안 나라 살림에 기여한 공을 인정하여 그 자손을 특별 채용하는 음서의 대상이 되지만, 이건 좀 심정적으로 받아들이기 어렵다. 이 사회에 그런 존경받는 고위 공직자가 없어서 그런가? 만일 그런 공직자가 있다면 난 찬성할 것이다.

관료제가 발달했던 고려와 조선에도 음서제가 있었다. 고려는 귀족제 성격이 강한 사회였다. 귀족제 사회란 왕족에 버금가는 벌열閥閱 등이 여럿 있는 사회이다. 그래서 음서제가 훨씬 강했는데, 그렇다고 부정적인 기능만 있는 것은 아니었다. 불교라는 깊이 있는 사상, 종교가 함께 기능했기 때문이다. 물론 고려 말기로 오면 어느 사회, 문명이나 그렇듯이 음서제의 말폐가 생긴다.

한편 조선시대는 사림, 학자, 양반, 관료라는 말이 떠오르다시피, 이들이 주축이 되어 사회를 끌어갔다. 사람이 어떻게 살아야 하는지, 사회는 어떤 원칙과 질서 속에서 움직여야 하는지, 즉 요즘 말로 하면 인문, 사회과학적 비전이 있어야 했고, 실제로 그것을 정책으로 만들

만한 경륜이 있는 인재를 요구했다. 따라서 절대적인 학습량이 요구되었고, 문장이나 토론을 하지 못하면 정부에서 자기 몫을 다할 수가 없었다. 그래서 음서 수혜자라도 과거시험을 보았으며, 흔히 청요직淸要職이라고 부르는 중요하거나 명예로운 자리는 음서만으로는 들어갈 수 없었다. 법적으로 제한하여 강제하는 것이 아니라, 자연스럽게 낄 수 없게 발달한 것이다.

분명히 음서제도에는 기득권을 유지하는 측면이 있다. 수월하게 관직에 들어갈 수 있다는 것만으로도 귀족들이나 양반들의 기득권은 유지된다. 과거제도를 비롯한 제도는 그 자체로 체제를 유지하는 측면이 있다. 이것이 제도의 보수성이다. 과거제도도 그렇고, 현재의 고시도 제도적으로 보수적일 수밖에 없다. 동시에 음서제도는 과거제도가 포괄하지 못하는 사회 보상의 영역을 보완하는 성격도 있다.

상피제와 특혜

김미화 씨가 "상피제相避制에 빗대서 특혜 논란을 비판했던데 상피제, 이건 또 어떤 제도인가요?"라고 묻는다. 성균관 같은 학관學官이나 병조의 군관軍官을 제외하고 의정부議政府, 의금부義禁府, 이조吏曹, 병조兵曹, 형조刑曹, 사헌부司憲府와 사간원司諫院, 승정원承政院과 사관史官, 장예원掌隸院과 종부시宗簿寺 같은 관청에서는 집안의 고모나 조카의 남편, 사촌 자매나 이모의 남편은 상피相避한다. 똑같은 제한이 처첩 집안에도 적용된다. 쉽게 말해, 같은 관청에 근무하지 못하는 것이다.

의정부는 삼정승이 있는 관청이고, 의금부와 형조는 범죄 사건을 다루는 관청이다. 이조와 병조는 인사人事를 다루는 관청이다. 사간원과 사헌부는 감찰과 언론 기관이다. 승정원은 비서실이고, 사관은 모든 국정을 기록하는 자리이다. 장예원과 종부시가 상피 대상이 된 이유는 모르겠다. 요즘으로 치면 '별'들인 병조의 당상관이나, 지금의 청와대 경호실장이라 할 수 있는 내금위장內禁衛將은 동일한 관청이 아니라도 상피한다. 그러니 자기 아버지가 장관으로 있는 데는 지원서를 내지 못한다.

　마지막으로 진행자가 역사학자로서 공직 인사제도나 특혜 논란을 보면서 넌지시 생각해볼 것들이 있으면 짚어달라고 한다. 그 사태는 성격이 서로 다른 두 가지 문제가 섞여버렸다는 점을 보아야 할 듯했다. 먼저 행정고시 폐지. 전문성을 높이기 위해 공직의 문호를 열려고 행정고시를 폐지하는 것은 정책적 판단이 필요한 부분이다. 이는 현 정부에서만 나온 이야기도 아니다. 워낙 공무원 사회가 폐쇄적이고 부처 이기주의가 심해지니까 외부 전문가를 채용하여 조직에 활력을 넣자는 취지로 이미 시행되고 있는 직위도 있다. 나도 두 차례에 걸쳐 국가기록원에 특채되어 5년을 근무한 경험이 있다. 조선시대에도 과거시험만으로는 훌륭한 사람들이 정부에 들어올 수 없으니 천거제도를 활용했다. 그러므로 행시 폐지, 이런 식으로 갈 것이 아니라, 공직의 어떤 부분에 전문성이 중요한지 하나하나 짚어가는 과정이 필요하다.[19]

　다음, 자녀 임용문제. 자신이 장관으로 있는 관청에 자녀가 지원했고, 또 유일하게 선발되었다는 사실은 공직자 윤리까지 갈 것도 없이 사회적 양식의 문제이다. 다행인 것은 이런 짓이 국민의 지탄을 받고 좌절되었다는 것이다. 행시 폐지는 정책적인 합의나 이해를 받지 못하고, 게다가 자기 자식을 임용하는 부끄러움을 모르는 행태까지 벌어지니 국민은 당연하게도 행시 폐지를 특채로 이해하고, 거기에 음서라는 말이 주는 부정적 이미지, 즉 '기득권의 재생산'을 떠올린 것이다. 그리고 이런 비판은 매우 정당하다고 생각한다.

이렇게 서로 다른 사안을 엉기게 만들어 문제의 성격을 어지럽게 만들면서 생산적인 논의를 불가능하게 하는 짓, 이런 짓이 국가경영 차원에서 발생할 때 쓰는 말이 바로 '국정의 난맥상亂脈相'이다. 난맥亂脈, 어지러울 난, 맥락이라고 할 때 맥! 마지막으로 한마디, 이번 일을 조선시대 식으로 표현하고 싶었는데 방송이라 차마 하지 못했다. 여기서 하고 가자. "상것들!"

---

18) 위백규라는 학자를 놓고 '성리학의 변이(變異)'라는 사실(史實)의 측면과 '실학 개념의 해체'라는 인식(認識)의 측면을 엮어서 글을 써본 적이 있다. 2011년 『태동고전연구』에 실린 「춘추대의(春秋大義)와 예송(禮訟)의 기억─송시열과 위백규」라는 글이다. 성리학이 고정된 X가 아니라 사람마다 조금씩 변해가는 N개의 사상이라는 것이고, 이를 통해 애매하고 답보에 빠진 '실학' 개념을 생산적으로 해체할 수 있다는 견해를 제시하였다.

19) 당시 맹형규 장관은 2011년까지 30%, 2015년까지 50%를 전문가로 채용하겠다고 했는데, 이런 방식이야말로 아마추어 느낌을 준다. 수치가 아니라 어떤 자리에 전문성이 필요한지, 그 전문성을 확보하려면 공무원의 재교육으로 가능한지 외부에서 특채해야 하는지 먼저 판단할 수 있어야 한다.

진시황과 한고조의 거리

　겨울방학을 맞아 두 곳에서 경연을 하였다. 이 나라의 대학은 지역에 사는 동네 사람들과 거리가 있다. 대학과 지역의 분리는 대학의 '학문'과 지역의 '삶'의 분리로 설명할 수 있을 듯하다. 별로 연관이 없는 것이다. 그래서 한번 대학 밖으로 나가보았다. 전주와 인천에서 '역사 속에서 걸어 나온 사람들 - 항우와 유방' 강좌를 연 것이다.

　이런 강좌를 나는 '경연經筵'이라고 부른다. 원래 경연은 조선시대 국왕과 신하들이 모여 세미나를 하던 제도, 장소를 말한다. 예를 들어

『논어』, 『맹자』, 『사기』 등을 읽고 토론하는 자리이다. 굳이 비교하면 청와대에서 대통령과 장관, 비서들이 모여 『자본론』이나 『로마제국 쇠망사』를 읽고 토론하는 것이라고 보면 된다. 머릿속에서 이런 비교가 선뜻 떠오르지 않는 이유는 요즘 이런 경연을 기대하기 어렵기 때문이다. 어쨌거나 '경사經史를 공부하는 자리'가 경연이니까 내가 전주, 인천 시민들과 함께 공부하는 자리도 경연이다. 거기에는 유가儒家의 오랜 문제의식이 유전하고 있다.

유가는 문명文明에 대해 숙명적인 느낌이 깔린 비극적 정서와 인문학적 통찰에 입각한 낙관주의를 동시에 가지고 있다. 왕정王政이든 근대 민주정이든 그것이 통제되지 않을 경우 폭군과 폭민을 낳는다는 시각과 교육을 통해 관리되고 나아질 수 있다는 시각이 그것이다. 반면 노자나 그 후배들은 유가의 이런 노력을 불쌍하게 쳐다보았다. 애당초 문명은 컨트롤이 안 된다는 것이다.

그러나 유가는 포기하지 않았다. 공자는 천하를 주유했다. 말이 주유천하周遊天下지, 생고생을 한 것이다. 오죽했으면 말년에는 고향으로 돌아가 젊은 사람들이나 가르치겠다고 했겠는가. 맹자도 마찬가지였다. 맹자가 양혜왕梁惠王, 제선왕齊宣王을 만나 설득하는 과정이 곧 경연이기도 했고, 경연의 필요성이기도 했다. 현자賢者에게, 혹은 현자가 전해주는 성인聖人의 저술을 읽고 배우는 것이 경연이다.

한나라가 초나라를 누르고 천하의 패권을 차지한 기원전 200년쯤, 흥미로운 일화가 있다. 한고조漢高祖 유방劉邦은 패현沛縣 풍읍豊邑 촌사람이다. 전주를 이씨, 이성계의 고향이라는 뜻에서 '풍패지향豊沛之鄕'이라고 부르는 것이 여기서 나왔다. 유방은 작은 마을 관리였다. 10

여 년 전장에서 구르다가 한나라를 세웠는데, 당시 육가陸賈라는 학자가『시詩』,『서書』를 주며 공부를 하라고 했다. 한고조 역시 스스로 느낀 바 있었으므로 육가에게 배우기로 했다. 하지만 알다시피 공부는 습관이다. 쉬운 일이 아니었다.

한 달쯤 보던 한고조는 책을 탁 덮으며 말했다. "더는 힘들어 못하겠다! 나는 글을 모르고도 세 척 칼을 들고 말 위에서 천하를 얻었는데, 이깟 학문이 무슨 소용인가?" 그러자 육가가 말했다. "말 위에 올라 천하를 얻었다고 해서 어찌 말 위에서 천하를 다스릴 수 있겠습니까?[居馬上得之, 寧可以馬上治之乎?]"

분서갱유의 실제

강의를 하면서 사람들이 진시황秦始皇(기원전 259~210)을 폭군暴君의 전형처럼 생각하고 있다는 것을 확인했다. 그럴 만도 했다. 점술을 믿고 운석이 떨어진 고을 하나를 박멸한 일이나, 무덤을 만들고 그 일에 사역되었던 기술자와 인부들을 아예 묻어버린 일[20] 등을 보면 이해가 간다. 특히 후대에는 이른바 분서갱유焚書坑儒, 그러니까 책을 태우고 학자들을 묻어버린 일로 폭군 진시황의 이미지는 극에 달했다.

이 이미지를 약간 수정하고 싶다. '분서'는 승상 이사李斯(?~기원전 208)의 작품이다. 그는 진나라 기록이 아니면 모두 태워버리도록 했다.『시』,『서』및 제자백가諸子百家의 저술을 가지고 있으면 군수 책임 아래 다 태웠다. 특히 모임을 만들어『시』,『서』를 가지고 토론을 하는 자들이 있으면 저잣거리에서 죽이게 했다. 없애지 않아도 될 것은 '의약, 점복, 식물 재배'와 관련된 서적이었다. 이 점을 주목해야 한다. 최소한의 생존을 위한 서적만 남겼다는 말이기 때문이다.

제국帝國은 문명의 집적集積 속에서 탄생한 결과이다. 맹자가 200년 전에 제국의 탄생을 예고하면서 '사람 죽이기를 좋아하지 않는 사람' 이 천하를 얻을 것이라고 했다.[21] 이 말은 도덕주의적 언표言表가 아니라 지극히 정책적인 언표이다. 경제 정책의 기본은 5~8인 가족이 인간답게 살 수 있는 조건이며, 거기에는 꼭 '배움'이 들어간다. 사람들끼리 어울려 살 수 있는 배움, 학교. 요즘으로 치면 인문, 사회과학에 대한 소양이 필수적이란 뜻이다.[22] 결국 진시황은 제국의 토대를 스스로 무너뜨렸다는 점에서 폭군이다. 육가의 말을 듣고 한고조가 공부를 시작하여 오경五經이라는 경학經學과 사마천司馬遷(기원전 145?~86?)의『사기史記』로 대표되는 제국 문명의 비전을 가졌던 한나라와 진나라가 달랐던 점이 이것이다.

진시황이 저질렀다는 '갱유'도 조금 수정할 필요가 있다. 진시황은 오래 살고 싶어서, 아니 죽고 싶지 않아서 방사方士, 도사道士를 불러 신선의 약을 구해오라고 보낸다. 이 틈에 브로커, 사기꾼들이 끼어들어 방사를 자처하며 엄청난 재물과 인력을 진시황에게서 뜯어낸 뒤 사라졌다. 한중韓衆, 서불徐市같이 도사를 자칭했던 자들이다. 신선이 되는 약은커녕 진시황이 바보라고 험담까지 하고 다녔다. 화가 난 진시황은 함양咸陽에 있던 유儒, 지금 말로 하면 지식인들을 심문했는데, 이들이 살려고 서로 고발하다 보니 법을 어긴 자가 460여 명이었다. 진시황은 이들을 모두 함양에 생매장하고 천하에 널리 알렸다. 당시 장자莊子를 '소유小儒'라고 불렀듯이, 진시황이 죽인 '유儒'는 유학자가 아니라 도사를 말한다.

회강반차도 1741년(영조 17년) 경연에 참석한 신하들의 자리를 그린 그림이다. 학덕 있는 신하에게 최고 정치권력자인 국왕이 학생이 되어 배우는 과정에서 소통과 균형의 정치를 만들어갔다. 자기가 선생을 하겠다고 우기던 국왕도 있었고, 대리 출석, 무단 결석한 국왕도 있었다.

1부 _ 대지를 어떻게 사고파는가

대리 출석, 그리고 딴짓

경연은 공부하는 시간일 뿐 아니라 바로 국무회의나 관계 장관회의 등이 이어지기 때문에 소통의 마당이기도 했다. 모든 제도는 서로 균형을 맞추기 위해 견제하는 체계를 동시에 갖는다. 그래야 유지된다. 왕정이라는 조건에서 경연은 그런 견제와 균형의 한 축을 담당했다. 그러므로 경연은 당시 사회가 그런대로 규칙이나 상식을 지켜가며 굴러갔는지, 어떤지를 확인할 수 있는 지표가 된다. 경연을 하지 않을 거라면 뭔가 대안이 있어야 한다. 새로운 비전을 담은 대안이 없다면? 경연의 거부, 파행은 곧 무책임과 난장亂場으로 귀결된다. 조선시대 역사는 그 양상을 다채롭게 보여준다.

첫째, 세조世祖. 아예 경연을 담당하던 집현전集賢殿을 없앴다. 그리고 자신이 배우는 게 아니라 가르치려 들었다. 신하들은 물론 왕비, 세자, 종친, 무관 등. 그러니 온몸이 아팠고 종기가 났다. 세조가 말년에 피부병 등으로 고생한 것은 애매한 사람, 정의로운 사람을 많이 죽여서 벌을 받은 것도 이유가 되겠지만 무엇보다 체력 약화에 따른 면역체계 이상이라는 것이 나의 진단이다.

둘째, 연산군燕山君. 전무후무한 대리 출석의 시조이다. 연산군은 경연에 나와 공부하라고 하니까, 자신이 가지 않고 내시內侍 김순손金舜孫 (?~1504)을 대신 보냈다.[23] 홍문관弘文館(집현전의 후신)에서 어처구니가 없었던지 우리 직책이 환관을 가르치는 것이냐고 반문한다. 그랬더니 자기도 나가고 싶지만 발병이 나서 못 간다고 했다. 이런 연산군, 잔치에는 열심히 나갔다. 종종 연산군이 생모인 폐비 윤씨가 사약을 받을 때 입었던 피 묻은 적삼을 보고 돌았다고, 그래서 폭군이 되었다고 하는데, 아니다. 피 묻은 적삼을 본 것은 연산군 9년, 대리 출석을 시킨 것은 연산군 1년이다. 원래 싹수가 노랬던 자다.

셋째, 광해군光海君. 요즘은 많이 바로잡혔지만, 여전히 일각에서 좋은 평가를 받고 있다. 이 사람, 재위 기간에 경연에 나온 횟수는 손가락으로 꼽을 수 있다. 그 대신에 주로 반역 사건을 심문하는 추국청推鞫廳에 나가 있었다. 원래 사건이 생기면 담당관이 조사하고 국왕에게 보고하는 게 상례이다. 그런데 광해군은 친국親鞫, 즉 자신이 직접 심문하기를 즐겼다. 오죽하면 사관史官이, 아프다고 경연에는 나오지 않으면서 어떻게 밤새 친국하는 데에는 열중이냐고 비웃었을까.[24]

한고조 이후 한나라 조정에서는 여태후呂太后를 중심으로 권력투쟁이 치열하게 진행된다. 그럼에도 한나라는 모처럼 평화를 맞고 농민들도 군대에 동원되는 일 없이 안정된 시대를 살아갔다. 말에서 내려와 문치文治를 정착시킨 결과였다. 진시황이 무덤 축조, 순행巡幸, 축성築城, 원정遠征에 수시로 백성들을 동원했던 것과 대조적이다. 진시황과 한고조의 거리는 원래 그리 멀지 않았다고 생각한다. 허나 '호리지차 천리지별毫釐之差, 千里之別!', 터럭만큼의 차이가 천 리의 차이를 가져온다. 그 틈을 구별하는 눈을 갖는 것도 이 땅에 사는 시민의 자격이다.

20) 『사기(史記)』「항우본기(項羽本紀)」.

21) 『맹자』「양혜왕 상(梁惠王上)」. 맹자가 만난 사람은 양나라 양왕[梁襄王]이었다. 그는 왕답지 못한 인물이었던 듯하다. 맹자에게 "천하가 어떻게 정해지겠습니까?[天下惡乎定]"라고 묻자, 맹자는 "하나로 정해질 것입니다.[定于一]"라고 대답했다. 양 양왕이 또 "누가 통일할 수 있겠습니까?"라고 묻자, "사람 죽이기를 좋아하지 않는 자가 통일할 수 있을 것[不嗜殺人者能一之]"이라고 대답했다. 전국시대에 숱한 전쟁을 배경으로 깔고 있는 대화이자 전국시대의 종말과 제국의 성립에 대한 맹자의 기대와 비전을 보여주는 대화이다.

22) 『맹자』「양혜왕 상(梁惠王上)」. 맹자는 100무(畝)의 땅을 제때 농사지으면 몇 식구가 굶지 않을 수 있고, 학교를 세워 삶의 도리를 세우면 노인들이 길거리에서 이고 지고 힘들게 살지 않을 것이라고 주장했다. 「등문공 상(騰文公 上)」에도 비슷한 정책 비전이 실려 있다.

23) 『연산군일기』권5 1년 5월 14일(병오)

24) 『광해군일기』권89 7년 4월 2일(무인)

역사를 지우고 싶은 사람들

사람들의 기억이 사라지는 이유는 크게 두 가지다. 자연적 훼손과 인위적 파괴. 그중 더 결정적인 이유는? 안타깝게도 인위적 파괴 쪽이다. 먼저 자연적 원인을 살펴보자. 국가기록원에 근무할 때, 한 지방자치단체에서 침수된 기록물 복원에 대해 의뢰를 받은 적이 있다. 침수沈水는 전통적으로 기록물을 손상시키는 가장 큰 자연적 위협이다. 특히 종이는 일단 물을 먹으면 떡이 되다시피 해서 복원하기가 여간 어렵지 않다. 물에 잠겨도, 습한 곳에 있어 물을 먹어도.

하지만 문명의 흥망이 그렇듯, 언제나 자연적 이유보다 인위적 이유가 기록의 생명에는 더 치명적이다. 지구에도 그렇듯이 문명에도 인간이 가장 위협적 존재라는 사실은 변하지 않는다. 인간의 무엇이 위협적일까? 요즘 같아서는 인간 자체가 위협적이다.

조선시대에 실록實錄을 편찬했다는 사실은 다 아는 일이다. 앞으로 우리가 다루게 될 내용이나 주제도 실록의 도움을 많이 받을 것이다. 그런데 그 실록의 생존은 기록에 대한 인위적 위협의 대표적 사례 두 가지를 보여준다. 모여 사는 인간 자체가 위협이라는 것과 인간이 벌이는 전쟁이라는 위협이 그것이다.

미국이 이라크를 침공할 때 바그다드 국립박물관을 폭격하는 장면을 본 분들이 많을 것이다. 박물관이 화염에 휩싸이고, 그 뒤에 약탈이 뒤따랐다. 미군이 박물관의 위치를 몰랐을 리 없기에 더 야만적인 행위였다. 이슬람 문명, 아니 메소포타미아 5,000년 문명에 대한 명시적 폭력이었다. 유네스코와 국제기록협의회ICA에서 파괴를 비판하는 공동성명을 냈다.

한국전쟁 당시 남한과 북한의 종이쪽지에 쓰인 기록이란 기록은 미군의 포대에 담겨 미국으로 수송되었다. 그래서 한국 학자들은 지금도 현대사를 연구하려면 미국 국립문서기록청NARA으로 가야 한다. 미군은 전쟁 수행 중에도 점령지에서 맨 먼저 기록부터 주워 담았다. 아직 정리되지 않은 기록들은 선적 번호가 매겨진 채 NARA 수장고에 처박혀 있다. 처박혀 있는 시간만큼 그 시대의 역사는 구멍이 뚫려 있을 것이다.

아, 지우고 싶다!

조선시대에 처음에는 한 질을 간행했던 실록은 손실의 위험 때문에 여러 질을 간행하게 되었다. 그래서 만들어진 것이 한양 궁궐 안의 춘추관春秋館을 비롯하여 충주忠州, 전주全州, 성주星州 네 군데 사고史庫였다. 양성지梁誠之(1415~1482) 같은 사람은 사고가 관청과 붙어 있어 화재가 염려될 뿐 아니라, 외구外寇의 우려도 있다고 지적했다. 불행하게도 이 예측은 정확히 맞아떨어졌다. 1538년(중종 33년) 11월, 성주 사고에 불이 났다. 사고가 관청 옆에 있었다는 것은 읍치邑治 지역에 있었다는 말인데, 요즘으로 치면 면사무소나 군청 옆에 두었다는 의미이다. 아마 관리가 편해서 그리했던 듯한데, 결과적으로 인재人災를 피할 수 없었던 셈이다.

1592년(선조 25년) 4월 왜란이 일어나자, 선조宣祖는 피난을 떠났다. 그 무렵 무력한 조정을 비판하듯 궁궐과 관청에 불이 났다. 조선시대 연구자들은 누구나 임진왜란을 기점으로 남은 사료가 현격히 차이가 나는 데 놀란다. 임진왜란 이전과 이후 기록의 양은 어림잡아 1대 100. 이전 사료는 실록 빼면 거의 없다고 보면 된다. 다 어디 갔을까? 누군가 가져갔거나 불에 탔을 것이다.

아예 역사를 모으고 정리해야 할 일부 사관들이 자행한 의도적인 파괴도 있었다. 사관 조존세趙存世, 김선여金善餘, 임취정任就正, 박정현朴鼎賢 등은 선조가 요동으로 건너갈 것을 의논하자 몰래 도망칠 생각으로 먼저 사초책史草冊을 구덩이에 넣고 불을 질렀다. 어처구니없는 것은 이들 대부분이 광해군 때 다시 등용되어 호강을 누렸다는 점이다.[25] 임진왜란을 겪은 선조 바로 다음에 즉위한 광해군. 초반에는 여러 학파와 정파가 참여한 가운데 민생을 위한 개혁 정책도 추진했는데, 중·후반으로 가면서 민생은 도탄에 빠진 시대였다.

바로 이때 선조 시대의 역사를 편찬하던 이이첨李爾瞻(1560~1623) 등에 의해 대대적인 역사왜곡이 일어난다. 실록은 편찬 단위가 왕대王代이고, 왕이 죽은 뒤에 그러니까 다음 왕이 즉위하면 편찬을 시작한다. 이이첨은 자신을 포함한 몇몇 사람만 추어올리고, 상대편 사람들은 다 깎아내렸다. 이러다 보니, 인조반정仁祖反正이 일어난 뒤『선조실록』을 수정하려는 논의가 시작되었다. 그 수정 논의에는 반정을 주도한 서인西人은 물론, 반정에 협력한 남인南人, 광해군 대 대북大北 정권을 비판하여 낙향하거나 귀양 갔다가 복귀한 북인北人이 동참했다. 그런 북인으로는『지봉유설芝峯類說』의 저자 이수광李晬光(1563~1628)도 있었다.

그래서 만들어진 것이『선조수정실록』이다.『선조수정실록』은 사론史論도 바로잡았지만, 더 중요한 것은『선조실록』에서 빠졌던 기사를 대폭 보완했다는 것이다. 첫째, 의병 활동의 보완이다. 곽재우郭再祐, 고경명高敬命, 정인홍鄭仁弘, 손인갑孫仁甲, 김천일金千鎰, 조헌趙憲, 영규靈圭, 유종개柳宗介의 의병 활동, 이광李洸과 윤국형尹國馨의 백의종군, 김덕령金德齡의 무고한 죽음, 의병장 이산겸李山謙이 무고로 하옥되었던 일 등등.

해전에서 승리해 임진왜란의 전세를 바꾼 이순신李舜臣(1545~1598)에 대한 기록도『선조수정실록』에서 보완에 관심을 기울인 기사이다.『한산기사閑山記事』라는 자료가 보완된 것이 아닌가 싶은데, 택당澤堂 이식李植(1584~1647)은 이 자료가 임진왜란이 발발하던 1592년(선조

25년)부터 1599년(선조 32년)까지의 기록이라고 했고,²⁶⁾ 또 제목으로 보아 그렇게 추정하는 것이다. 이 때문인지『선조수정실록』에서는 이순신의 승전, 이순신과 원균元均(1540~1597) 사이에 틈이 생긴 이유 등이 상세히 수록되었다. 당시 조정이 원균의 편을 들어 이순신이 하옥되었으며, 원균이 이순신의 수군제도를 변경하여 패배했다는 수군 운영 상황을 알 수 있는 자료를 제공하고 있다.

남기는 사람, 지우는 사람

못된 생각을 하자면,『선조수정실록』을 만들었으니 앞서 만든『선조실록』을 없애고 싶다. 어차피 왜곡된 기록이 아니던가. 이런 생각,『선조수정실록』을 편찬했던 사람들도 했다. 그런데『선조수정실록』편찬자들은 주묵사朱墨史의 원리를 기본 정신으로 제시한다. 주묵사란 원래 기록은 검은 먹, 고친 부분은 붉은 먹으로 남기는 것이다. 그것은 '한 시대의 전형典刑을 후대에 증거로 남기는 것', 즉 원문 기사와 수정 기사를 구별하여 남김으로써 후세에 '보는 사람'들이 그 사실에 대한 객관성과 시비를 판단하게 하는 데 있었다.

사실 주묵사는 고친 기사와 원래 기사를 구분하는 편리한 방법 이상은 아니었을지도 모른다. 수정에 참여했던 사람들은 그 '편의성'을 실무 당사자의 편의성이 아니라, '역사를 수정하는 태도'라는 사회적 의미로 받아들였다. 그래서『선조실록』을 폐기하지 않고, 자신들이 편찬한『선조수정실록』과 함께 남겨두었다. 판단은 후세 사람들의 몫이라며.

인조 때에는 또 관례대로『광해군일기』를 편찬하고자 하였다. 그러나 슬프게도 『광해군일기』는 예산이 없어 간행되지 못하고 지금까지 전해지는 편찬 중간 단계의 초고본草稿本으로만 남아 있다. 조선사를 통틀어 유일한 사례이다. 왜 예산이 없었냐고? 광해군 대 재정 파탄의 결과이다. 재정을 궁궐 공사에 탕진한 여파이다. 농업경제에서 재정이 파탄되었을 때는 기다리는 수밖에 없다. 그것도 오래. 그 와중에 두 차례 호란(정묘호란과 병자호란)을 겪었다.

그런데 그 『광해군일기』도 수정하려는 시도가 있었다. '광-인-효-현-숙'이니까, 50년 정도 지난 숙종肅宗 때의 일이다. 사관 윤의제尹義濟(1640~1680)가 무주 적상산赤裳山에 갔다가 실록에 조부 윤효전尹孝全(1563~1619)의 악행이 매우 자세히 쓰여 있는 것을 보고 돌아와 그 아버지인 윤휴尹鑴(1617~1680)에게 말했다. 윤휴는 놀라 허목許穆(1595~1682)에게 조정에서 개정 논의를 시작해달라고 부탁했다.[27]

윤효전은 임해군臨海君의 옥사에 앞장섰다가 공신이 되었다. 계축옥사癸丑獄事 때 인목대비仁穆大妃의 친정아버지 김제남金悌男(1562~1613)을 죽이고, 이듬해 영창대군永昌大君을 귀양 보냈다가 죽이는데, 이때 윤효전은 대사헌大司憲으로 사건을 초반에 주도하다가 무슨 일인지 지방관으로 내려갔고, 1619년(광해군 11년)에 죽었다. 광해군 시대의 간신이자 권력자였던 이이첨과 붙었다 등졌다 했으며, 인조반정 이후 관작이 추탈追奪되었다. 『광해군일기』를 사사로운 이유로 고치려고 했던 윤휴의 시도는 다행히 성공하지 못했다. 만일 성공했다면 우리는 어떤 『광해군일기』를 보게 되었을까?

이이첨은 그의 고조부가 이극돈李克墩(1435~1503)이다. 이극돈이 누구였나? 김일손金馹孫(1464~1498)의 사초史草에 적힌 김종직金宗直

(1431~1492)의 「조의제문弔義帝文」이 세조의 왕위 찬탈을 빗댄 것이라고 연산군에게 고자질하여 무오사화戊午士禍를 일으키고 성종成宗 때 성장한 사림士林을 도륙한 인물이다. 이극돈, 이이첨, 윤휴. 역사를 지우고 싶은 사람들, 결국 자신들의 역사만 남기고 싶었던 사람들이다.

25) 『선조수정실록』권26 25년 6월 1일(기축). 이 상황은, 오항녕, 『광해군, 그 위험한 거울』
(너머북스, 2012)에 상세히 나와 있다.

26) 『澤堂先生別稿刊餘』(규장각, 古 3428-67Aa-v.1-9). 이 『간여본』은 이종묵 교수의 도움으
로 알게 되었다. 『간여본』을 포함한 『택당집』의 판본과 목록에 대해서는, 김문식, 「이식
의 문집, 『택당집』」, 『문헌과해석』20호, 2002 참고.

27) 『송자대전(宋子大全)』권63 「민지숙(閔持叔)에게 답함 — 병진년(1676) 11월」.

2부

서리 맞은
단풍잎,
봄꽃보다
붉구나

이 다채로운 것들 속에서

　알고 지내는 출판사에서 책을 보내왔다. 지혜학교 철학교육연구소 김태완 소장이 쓴『경연, 왕의 공부』라는 책인데, 제목에서 알 수 있듯 조선시대 경연을 개관하고, 퇴계退溪 이황李滉(1501~1570)과 사단칠정 四端七情 논쟁을 벌였던 고봉高峯 기대승奇大升(1527~1572)의『논사록論 思錄』과 율곡栗谷 이이李珥(1536~1584)의『경연일기經筵日記』를 소개한 책이다.『경연일기』는 말 그대로 경연을 날짜별로 쭉 기록한 일기이 다.『논사록』의 '논사論思'는 경연관의 직무를 말하는데, 경연을 맡았던 집현전(또는 홍문관) 관원을 '논사지신論思之臣'이라고 했다. 우연일까? 며칠 전에 들었던 얘기가 그 책 에필로그에 실려 있었다. 그대로 인용해보겠다.

[장면 1]

1995년 10월 어느 날, 중국의 국가주석 장쩌민江澤民이 한국을 방문하여 대한민국 대통령과 함께 청와대 뒤뜰을 산책하면서 북악산에 곱게 물든 단풍을 보고 두목杜牧(803~852)이라는 당唐나라 시인이 읊은 '산행山行'의 한 구절을 읊조렸다.

"서리 맞은 단풍잎이 봄꽃보다 더 붉구나.[霜葉紅於二月花]"

물론 중국말로. 그런데 대한민국 대통령은 주변을 둘러보며 딴소리를 했다.

1995년 당시 대통령이시던 분의 경륜은 갈수록 빛을 발하기 때문에 누구나 익히 알고 있지만, 아무튼 그분이 무척 교양이 없고 무식했다는 게 저자의 주장이다. 대구對句로 화답하는 것까지는 어렵더라도, 통역을 해주었을 텐데 감상평 한마디 말하지 못했다는 것이다. 그분께는 바랄 것을 바라야 했다.

위의 시는 여러 의미로 해석할 수 있다. 첫째, 자연의 변화를 그대로 따라가며 감상할 수 있다. 붉은 봄꽃? 진달래를 말하나? 여기서 '당연히 분홍빛 진달래보다 붉은 단풍이 더 붉지'라는 식의 생물학적 지식으로 시에 대한 감상을 방해하면 적절하지 못하다. 뻔한 자연 현상이라도 그걸 시적 언어로 그려내면서 감상하는 멋이 있게 마련이다.

둘째, '서리 맞은 단풍'은 시련을 겪는 처지를 대변한다. 그럼에도 봄꽃보다 붉다. 사람 관계나 나라끼리인 한중韓中 관계나, 이렇게 단련되면서 나아지지 않을까 하는 메시지로도 볼 수 있다. 이쯤에서 '나라면 어떻게 대구를 달았을까' 하는 장난기가 발동한다.

① 아무래도 다시 와서 봄꽃을 달래셔야[宜訪此處撫春色] : 단풍잎이 봄꽃보다 더 붉다고 했으니, 봄꽃이 질투가 났을 것이다. 그러니 다시 와서 봄꽃의 질투를 달래달라는, 즉 또 오라는 호의와 함께 봄꽃도 아름답다는 응수가 담긴 대구이다.

② 눈 속 소나무는 가을 하늘보다 푸르리니[雪松靑於今日天] : 설송雪松은 조선 사람들이 좋아하는 정경이라 소재로 써보았다. 다가올 겨울 눈 속의 소나무는 지금 가을 하늘보다 더 푸를 것이라는 기대를 담아, 앞으로도 더 좋고 볼 만한 일이 많을 것이라는 희망을 표현한 대구이다.

이외에도 몇 구가 더 떠오르는데, 주자의 경계를 떠올리며 그만두었다. 자꾸 시에 빠지면 공부에 방해가 된다는 경계. 왜? 말장난하는 재미가 있기 때문이다.

말장난, 글장난으로는 이옥李鈺(1760~1815)이 유명하다.[28] 나는 정조正祖가 그를 성균관에서 쫓아내 군대로 보낸 조치가 이해된다. 그런 글을 쓰려면 나랏돈으로 먹고살면서 쓰지 말고, 네가 벌어서 먹고살며 쓰라는 뜻이다. 아니, 정말 뭔가 생각이 있는 사람이라면 정조가 쫓

아내기 전에 성균관에는 들어가지 말았어야 한다. 내가 이옥을 좋게 보지 않는 이유이다. 김태완 소장의 책을 몇 장 더 넘기던 나는 못 볼 데를 본 느낌에 눈을 멈추었다.

[장면 2]

2008년 8월 어느 날 MBC 뉴스. 퇴임을 몇 달 앞둔 미국 대통령 조지 워커 부시George Walker Bush가 방한했다. 청와대에서 정상회담을 한 뒤 공식 기자회견을 하는 자리. 당시 초미의 관심사였던 아프가니스 탄 파병 문제에 관해 논의를 했느냐고 기자가 질문했다. 이명박 대통 령이 즉각 대답했다.

"아프가니스탄 뭐, 파견 문제, 이것은 부시 대통령이 답변해야 하잖아요. 내가 할 것이 아니고. 그러나 그런 논의는 없었다는 걸 우선 말씀드립니다. 네, 허허."

이때 부시가 이명박을 쳐다보며 어처구니없다는 듯 웃으면서 이어 폰을 빼고 즉각 반박한다.

"우리는 논의했습니다! We discussed it! 한국이 아프가니스탄에 기 여한 것에 대해 대통령께 감사드렸습니다. 다만 내가 대통령께 말씀 드린 것은 비非전투적 지원입니다. 되도록 많은 비전투적 지원을 해서 이 신생 민주국가를 돕도록 고려해달라고 요청했습니다."

순간 이명박 대통령은 어색한 표정으로 실실 웃으며 혼잣말을 한다. "아, 말했구나." 적어도 내가 보기에 그는 이렇게 말했다. 그리고 그렇게 넘어갔다.

나 역시 이 장면을 생생히 기억하고 있다. 이라크 파병이라는 주제를 정상회담에서 다루지 않았다는 이명박의 말을 자르며 들어온 부시는 그답지 않은 단호한 말로 "We discussed it!"이라고 했다. 내가 알아들을 정도였으니, 얼마나 정확히 발음했는지 짐작이 될 것이다. 지금도 그 장면을 보고 복잡했던 심정이 내 대뇌 장기기억 속에 남아 있다.

　아무렇지 않게 실실 웃으며 책임감 결여에 대한 자각을 피해갈 수 있는 독특한 인성 구조를 가진 분이 대한민국 대통령이라는 것을 안 순간, 나는 많은 것을 접었다. 자존심이 결여된 사람이 책임감을 갖기는 어렵고, 책임감이 결여된 사람이 정의롭기는 더더욱 어렵기 때문이다. 자기 자신은 모르겠지만, 그는 자신을 합리화하는 매우 위태로운 사심私心을 가지고 있었다.

　원래 사람은 하기로 한 일을 하지 못할 수도 있다. 틀릴 수도 있다. 그러니까 사람이다. 다만 그럴 때, 대부분은 부끄러워하고 미안해한다. 그래서 맹자가 "부끄러운 것을 모르는 것이 부끄러운 것이다."라고 했다. 전아典雅한 표현은 아니지만 "아! 쪽팔려!"라는 말은 곧 맹자의 가르침에 부응하는 실천이다. 그렇다. 쪽팔리는 줄 아는 것이 중요하다!

　마음을 접고도 찜찜했다. 그 이유를 요즘 알게 되었다. 원래 내가 그리 훌륭한 인격은 못 되지만 무책임, 회피, 불인不仁 같은 그분의 증후가 내게서 발견되는 것이다. 오염! 그분에게서 오염되고 있는 것이다. 범상한 일이 아니다. 그래서 옛사람들은 "사심이 들어간 인간의 마음은 위태롭다.[人心惟危]"²⁹⁾라고 말했을 것이다.

더위도 한철이고 추위도 한철이다. 지나간다. 그러나 잘 지나가기 위해, 하나 마나 한 소리 같지만, 공부를 열심히 해야 한다. 이럴 때일수록 더욱 열심히 공부해야 한다. 내가 무슨 생각, 무슨 마음을 갖고 있는지 잘 살펴야 한다.

_____

28) 이옥은 정조 때 인물로, 심심파적에 적당한 글이 많다. 이옥, 실시학사 고전문학연구회 편역, 『완역 이옥 전집』, 휴머니스트, 2009.

29) 『서경(書經)』「대우모(大禹謨)」.

임금이 스승이 될 때

한나 아렌트Hannah Arendt(1906~1975)는 다음 말로 내게 다가왔다. "가령 내가 그것을 했다고 쳤을 때, 나는 그런 행동을 한 나 자신과 앞으로도 함께 살아갈 수 있을까?"[30]

몇 년 전에 아렌트의 저서 『정치의 약속』[31]을 읽고 큰 감동을 받아 그에게 푹 빠진 적이 있었는데, 이번에는 『전체주의의 기원』 1권[32] 1부 1장 '상식에 대한 만행'을 읽다가 온몸을 부르르 떨었다. 그 부분을 읽을 때 나는 학술발표회에 토론을 하러 가 있었는데, 발표는 안 듣고 아렌트의 한마디, 한마디에 연신 온갖 감탄사를 써가면서 연필을 놀렸다. '역사 연구는 이렇게 하는 것이다'라는 것을 보여주기라도 하듯 아렌트는 유감없이 유대인은 내내 순교적 박해를 받았다는 순교주의는 물론, 영원한 반유대주의가 있다는 편견까지, 유대인 역사에 대한 기존 통념을 비판했다.

아렌트 얘기를 꺼낸 것은 조선의 역사 중 일반인이나 역사학 전공자에게 각광까지는 아니더라도 무척 관심을 끄는 대상인 '정조'라는 문제적 인물과 연관이 있어서이다. 정조는 전에도 계몽군주에 비견되면서 주목을 받아왔다. 말하자면 자본주의 맹아론이나 실학 등 조선사에서 근대의 맹아萌芽를 찾는 일환으로 정조를 절대주의 시대의 계몽군주로 파악했던 것이다.

조선의 역사를 서유럽 자본주의 발전 모델로 설명하려는 시도였다. 이는 서유럽 모델을 보편적 모델로 상정하고 조선의 역사를 끼워 맞추는 역사의 형이상학화 추세의 하나였다.

그런 시각의 연장에서 일부 당파의 사랑방에서 전해오던 정조 독살설이 역사소설에서 사실처럼 나오게 되었고, 아예 정조가 독살됨으로써 '아깝게' 근대화할 기회를 놓쳤다고 보는 사람들도 생겨났다.

투항적 존경심은 접고

정조가 살던 시대나 정조를 어떻게 보든, 일치하는 견해는 정조가 공부를 잘했다는 사실이다. 잘하고, 또 많이 했다. 연구자들은 직업이 그래서 그런지, 공부 좀 하는 사람들에게는 점수가 후하다. 후하다 못해 껌뻑 죽는 경우도 많다. 인정하다가, 존경하다가, 투항하는 격이라고나 할까. 물론 투항하는 순간 비판은 멈춘다.

정조가 규장각奎章閣을 두어 학자를 양성하면서 그들을 친위대로 삼은 것은 잘 알려져 있다. 친위대는 학문적 친위대이기도 했다. 조선이라는 나라, 넓게 조선 문명은 '알고 실천해야' 살아남는 세상이었다. 말발, 글발이 서지 않으면 행세할 수 없었다. 그 행세, 행적은 기록으로 남는다. 지금 정조의 문집인 『홍재전서弘齋全書』가 남아 있는데, 아주 잘 만들어진 알찬 문집인데다 분량도 적지 않다. 그중 「경사강의經史講義」, 즉 고전과 역사에 대한 토론, 연구 기록이 56권이다. 자신의 연구를 기록한 『일득록日得錄』 18권을 포함하면 문집의 거의 반이 신하들과 토론한 결과물이다. 나머지도 다 공부 얘기이다. 이를테면 이런 식이다.

학이學而의 학學 자는 실로 이 편篇의 뿌리인데, '학' 자의 뜻을 상세히 말할 수 있겠는가? 주자는 『집주集註』에서 '학' 자를 '본받을 효效' 자로 풀이하고 박학博學, 심문審問, 신사愼思, 명변明辨, 독행篤行을 겸한다고 하였으며, 또 『대학혹문大學或問』에서는 지知와 능能을 아울러 말하였다. 그렇다면 학이라는 한 글자는 지知와 행行이 모두 그 안에 있는 것이다. 그러나 '열다섯 살이 되면 배움에 뜻을 둔다'고 할 때의 십오지학十五志學의 '학'도 또한 이 '학' 자인데, '서른 살에 자립한다'는 삼십이립三十而立과 서로 대응하여 지知와 행行이 되는 것처럼 하였다. 어째서인가? 혹시 이 학이學而 편의 '학' 자와 십오지학의 '학' 자가 서로 다른 것인가?[33]

군주가 학덕 있는 신하에게 배우는 경연에서 정조가 가르치러 들어온 신하에게 묻는 말이다. 우리가 잘 아는 『논어』 「학이」 편, "배우고 때맞춰 익히면 기쁘지 아니한가.[學而時習之, 不亦說乎!]"를 두고 하는 말이다. 『논어』에서 말하는 '학學'이라는 용어가 왜 서로 다른가를 묻는 질문인데, 그동안 어떤 주석가도 주목하지 않았던 대목이다. 그러니 경연관에게 질문하는 것이 아니라 심문하는 격이 된다.

정조는 성균관 유생들에게도 이런 식으로 강의를 했다. 『자치통감강목資治通鑑綱目』 강의 때의 질문이다.

당태종唐太宗이 고구려에서 철수한 후 정벌을 성공하지 못한 것으로 인하여 깊이 후회하여 탄식하기를, "위징魏徵이 만약 살아 있었더라면 나로 하여금 이러한 정벌이 있게 하지는 않았을 것이다."라고 하였다. 그러나 태종이 동쪽으로 정벌을 떠날 때 이를 말리려고 간언한 신하들이 또한 많았다. …… 간언을 따르는 것은 본인의 의지에 달린 것이지, 누가 간언하느냐에 달린 것이 아니다. 위징이 간언하였다 하더라도 태종이 들어주지 않는다면 어찌하겠는가?[34]

위징은 당태종의 거울이라고 불리던 참모였다. 정조의 질문에 대한 대답은 현재 전해지지 않는다. 분명한 것은 정조의 질문이 몰라서 묻는 게 아니라 시험용 질문이라는 것이다. 경연관에서 유생에 이르기까지 정조는 이렇게 묻는다. 그리고 시험하고, 가르치려 든다. 이렇게 가르치려 들다가 일찍 죽은 왕이 조선에 또 있다. 세조! 차이가 있다면 세조는 무식했고, 정조는 정교했다는 것이다.

이런 태도는 정조의 '군사론君師論'을 보면 이해하기가 쉽다. 그는 자신을 군주이자 스승이라고 생각했다. 어디서 많이 본 태도이다. 그렇다. 스승 소크라테스의 좌절을 목격하고, 아무래도 '진리를 아는(안다고 생각하는)' 철학자가 군주가 되어야 이런 부조리가 해결되겠다고 생각하며 플라톤이 구상했던 '철인정치哲人政治'와 닮았다.

철인정치의 함정

　플라톤의 철인정치는 한 번도 실제 역사에서 구현된 적이 없다. 그러나 소크라테스가 아니라 플라톤이 좌절했다고 보는 편이 옳을 것이다. 동굴로 내려가기를 포기하고 저잣거리에서 토론하기를 포기한 가운데, 플라톤은 소크라테스에게 독배를 마시게 했던 아테네 권력자들보다 더 소크라테스를 부정했다. 동굴과 저잣거리야말로 진리가 필요한 곳이었고, 소크라테스는 그것을 알기에 저잣거리에서 토론하며 독배도 마다하지 않았다.

　아렌트는 서양 정치철학에서 철학과 정치를 합치려던 의도와 달리 철학과 정치가 갈라서버린 비극은 플라톤에게서 시작되었다고 본다. 흔히 정치를 우습게 보고, 학자의 삶은 그와 다른 뭔가 대단한 것으로 치부해버리는 태도가 플라톤의 철인정치론에 배인 독소라는 것이다.

　흥미로운 것은 이런 플라톤의 철인정치론을 동아시아 정치철학의 전통에서는 전혀 찾아볼 수 없다는 점이다. 유가의 성학聖學을 제왕학帝王學이라고도 부르기 때문에 철인정치론과 유사하게 볼 수도 있지만, 실제로는 전혀 다르다. 군주와 학자의 영역을 나누고 군주가 학자에게 열심히 배워야 한다는 것, 그게 경연이었다. 플라톤은 철학과 정치를 합치려다가, 즉 철인이 군주를 하려다가 결국 철학과 정치가 갈라지고, 철인이 정치를 포기하는 비극에 이르렀다. 반면에 동아시아 지식인들은 둘을 합치지 않으려다 보니 둘이 어떻게 긴장할 수 있을지를 고민했다.

결국 철학과 정치의 분리는 철인정치 자체에 내재한 폭력성의 결과이다. 정조의 군사론에 따라 국왕이자 철학자이자 스승이 될 경우, 아니 되고자 할 경우 '철인–왕 콤플렉스'가 작동한다. 아렌트의『정치의 약속』을 번역한 김선욱 교수는 '철인·왕 콤플렉스'에서 정치의 본질을 철학적 태도로 포착하는 진리 독점의 위험성이 드러나고 그러자면 여기에는 필연적으로 폭력이 따른다고 하였다. 이 폭력은 통상 이중적인 의미를 지닌다.

첫째는 자신의 정치철학을 따르지 않는 사람들을 정치과정에서 소외시키고 단순한 지시 이행자에 머물게 만드는 폭력이다. 실제 정치에서 정조가 다른 정치세력을 소외시키기에는 힘이 부쳤다. 긍정, 부정을 떠나 조선의 정치제도가 그렇게 호락호락한 시스템이 아니었기 때문이다. 규장각은 기존 정치제도를 소외시키려는 방책이었다. 예를 들어, 홍문관이 그렇다. 홍문관은 규장각과 기능의 차이가 없는데도 정조는 굳이 규장각을 만들었다.

둘째는 자기 자신에 대한 폭력으로, "정당화될 수 없는 방식으로 스스로 지배자의 위치에 올라 교만에 빠지고 타인의 조롱을 받는다." 이 대목은 좀 어렵다. 정조는 너무도 정당한 방식으로 지배자 위치에 올랐고, 교만에 빠지지도 않았으며, 남들이 조롱하기에는 너무도 철저한 스승(철인)+군주였다. 설사 그렇더라도 군주는 그 자체로 시스템이다. 정조는 정조 개인이 아니라 시스템으로서의 군주이다. 그렇기 때문에 정조의 군사론은 전통적인 조선 정치 시스템에서 일탈이었던 것이 아닌가 한다. 그래야 정조 이후의 협애한 세도정치가 이해된다. 다양한 의견doxa이 배제되기 시작하는 전조로서의 정조 시대, 이것이 진실에 가깝지 않을까?

정조 사후, 19세기는 정치적으로 사림정치 질서가 무너지고 외척 세도정치가 진행되었다. 세도정치와 삼정三政 문란, '위기', '몰락'의 키워드. 그런데 전통적 질서의 와해와 함께 다양한 학풍과 종교 운동이 나타났다.[35]

1862년 삼남 지역을 휩쓴 민란이나 1894년 동학농민전쟁은 체제 위기, 생존 위기에 따른 즉자적 저항이 아니었다. 조선사회의 체제와 지배 이념 속에서 누적되어온 경험과 다양한 분야의 변화 속에서 내면화한 나름의 정당성, 즉 인정仁政과 민본民本 이념을 기반으로 질서를 회복하려는 노력이었다.[36] 서울 학계에서는 북학과 서학이 유행하고 천주교가 세력을 확대하였다. 추사 김정희, 다산 정약용, 혜강 최한기 등은 그중 우뚝한 분일 뿐이다. 동학東學은 지방 지식인들의 새로운 사회를 향한 창조적 발상, 바로 그것이었다. 지혜로운 자, 역사의 새로운 발소리를 들을 수 있었을 것이다.

30) 엘리즈베스 영 브루엘, 서유경 옮김, 『아렌트 읽기』, 산책자, 2011.

31) 한나 아렌트, 김선욱 옮김, 『정치의 약속』, 푸른숲, 2007.

32) 한나 아렌트, 이진우 · 박미애 옮김, 『전체주의의 기원』, 한길사, 2006.

33) 『홍재전서(弘齋全書)』권71 「경사강의(經史講義)」8.

34) 『홍재전서(弘齋全書)』권116 「경사강의(經史講義)」53.

35) 유봉학, 『실학과 진경문화』, 신구문화사, 2013.

36) 배항섭, 「19세기를 바라보는 시각」, 『역사비평』권101, 2012.

역사의 비극적 반복에 대하여

2010년 『조선의 힘』이라는 책을 냈을 때, 예상치 못한 어떤 분이 간단히 서평을 해준 적이 있다. 같은 전공자가 아님에도 관심을 가져준 것이 고마웠고, 이런 분들까지 내 책을 보는구나 하는 생각에 정말 조심해서 글을 써야겠다는 경각심을 갖게 되어 감사했다. 조선시대를 다룬 책이었기 때문에 메타-역사나 학제적 해석이 필요한 대목은 부득이 간략히 넘어갈 수밖에 없었는데, 그분은 그러한 문제점을 지적하면서 오류나 비약을 바로잡아주었다. 이에 대해 고맙다는 인사를

2부 _ 서리 맞은 단풍잎, 봄꽃보다 붉구나

이메일로나마 전했다.

그런데 그 비평에서 아쉬웠던 것은 그분이 '광해군 대가 조선시대를 이해하는 데 왜 핵심이 되는 시대이자 주제인지 잘 모르고' 내 책을 비평했다는 점이다. 그것은 마치 춘추전국시대를 고려하지 않고 공자와 맹자를 논하는 것과 같기 때문이다.

통상 학계에서는 광해군 대를 전후하여 조선을 전기와 후기로 나눈다. 임진왜란과 병자호란이라는 양란을 염두에 두기도 하고, 사회경제적 변화를 염두에 두기도 한다. 정치세력의 변화, 즉 본격적인 사림정치의 전개를 염두에 두기도 한다. 이에 따라 시기구분에는 약간 편차가 있지만, 조선 후기를 곧 해체기로 비정比定한다는 점은 공통점이다. 인조반정을 통한 광해군 대의 전복이 곧 식민지로 귀결되는 조선의 패망으로 연결된다는 시각이다. 이를 따르면 운명처럼 조선은 무려 300년 동안 망해가는 지루한 과정을 거친 셈이다.

식민지 시대 만선사관滿鮮史觀에서부터 현재까지 이어지고 있는 광해군의 화려한 부활에는 당색黨色의 재연, 어설픈 근대주의와 진보사관, 실용주의를 빙자한 기회주의, 왜곡이 수반된 결과론, 순환론, 물타기, 사실 왜곡, 해석을 가장한 자의적 추측, 감상주의, 패배주의 등등이 참으로 다채롭게 버무려져 있다는 의심을 품게 되었다.[37] 그리고 다시 각 요소는 서로 다른 요소의 근거가 되면서 재생산, 강화되고 있었다. 앞으로 '역사를 이렇게 해석하면 안 된다'는 학습 자료로 전혀 손색이 없는 사례였다. 오죽했으면 내가 '역사 왜곡의 종합선물 세트'라는 표현을 썼을까.

모든 민란은 정책과 연관

공무원을 지낸 경력 때문인지 나는 정책에 관심이 많다. 정책의 실패는 곧바로 국민에게 피해를 준다. 세금도 낭비되고, 민심도 불안해지고, 경우에 따라서는 자존심도 상한다. 어렵게 사는 노동자, 농민들일수록 그 타격은 더 크다. 흔한 오해 중 하나가 정책, 특히 재정/경제 정책에 대한 과소평가이다. 300조가 넘는 예산의 쓰임새를 우습게 보는 일이다. 역사를 보면, 모든 민란民亂은 세금과 상관이 있다. 재정 개혁은 근본적인 개혁 중 하나이다.

2011년을 특히 기억하는 이유는 한미 FTA 재협상(김종훈 한국 측 단장이 아니라고 우겼던!)과 예산안 날치기 통과 때문이다. 2011년 예산안에서 속속 드러나는 '결식아동 급식 보조금 등을 닥닥 긁어 4대강으로 퍼붓기' 기조를 보면서, 나는 광해군이 떠올랐다.

광해군의 궁궐 공사에 대해서는 이미 『광해군, 그 위험한 거울』에서 얼개를 밝혔으니만큼 여기서 상론하지는 않겠다. 간단히 요약해보자. 먼저 궁궐공사의 규모. 인경궁仁慶宮은 인왕산 아래 사직단 동북쪽에, 경덕궁敬德宮 즉 경희궁慶熙宮은 현재 신문로에 있었다. 경희궁이 1,500칸, 인경궁이 5,500칸이었다. 잘 비교해보자. 임진왜란 전에 경복궁景福宮이 700칸이었다. 경희궁과 인경궁을 합하면 조선의 정궁正宮, 法宮인 경복궁보다 무려 10배나 큰 궁궐을 새로 지었던 것이다. 이 통계는 당시 다른 기록과도 일치한다. 광해군은 경복궁도 중건할 계획이었다. 그 결과 민란이 반정反正이란 형태로 나타났다.

임진왜란 전후 국가에서 거두어들일 수 있는 전세 규모를 가늠할 수 있는 실제 전결田結, 즉 농사짓는 실제 땅의 총수는 임진왜란 이전

113만 결에서, 1603년(선조 36년) 실시한 계묘양전癸卯量田에서는 29만 결로 줄었다. 광해군 폐위 이후 1634년(인조 12년) 실시한 갑술양전甲戌量田에서야 89만 5,000여 결로 회복되었다. 양전이란 세금을 거둘 수 있는 경작지를 파악하기 위해 어느 땅이 농사를 짓나 파악하는 일이다. 광해군 즉위 당시 중앙정부가 운용할 수 있었던 전결의 규모는 전쟁 전의 26%, 인조 대의 32% 수준이었다. 이런 상황에서 즉위했다면 지금 당장 해야 할 일이 무엇인지 누구라도 알았을 것 같다. 그렇다, 재정의 정상화이다. 양전을 해서 소득에 따라 세금 받고, 세금포탈 막고, 불요불급한 재정지출 줄이고!

광해군은 그렇게 하지 않았다. 오히려 거꾸로 갔다. 궁궐 건축을 두고 '왕권 강화'를 위한 수단이라고 했다. 이런 짓들 많이들 한다. 진秦나라 말기 머슴으로 있다가 농민반란의 지도자로 부상했던 진승陳勝(?~기원전 208)은 왕위에 오른 뒤 제일 먼저 궁궐부터 짓고 친구들을 불러 구경시켰다.[38] 이 바보는 진시황이 이미 지어놓은 아방궁阿房宮을 쓸 줄도 몰랐나 보다. 이미 지어놓은 창덕궁昌德宮을 무섭다며 한사코 쓰지 않으려 했던 광해군처럼.

혹자는 광해군이 실업을 해결하고 빈민을 구제하기 위해 공공근로사업을 한 것이라고 해석하기도 한다. 아마 1998년 IMF 사태 이후 실업을 해결하기 위해 시행했던 사업들을 떠올렸나 보다. 그러나 당시 공공근로사업에 사용된 3,400억 전후의 예산은, 자재비 등이 포함되기는 했지만 70% 이상 직접임금의 형태로 지급되는 복지 예산의 성격을 띠었지, 토목 공사에 들어가지는 않았다.

뒷거래 가능성

『광해군, 그 위험한 거울』을 낸 뒤 좀 더 생각할 필요가 있는 사료를 발견했다. 1608년(광해군 즉위년) 11월, 강원도 인제 현감 이경조李慶祚가 백성들을 괴롭혀 200주株에 이르는 목재를 실어다가 권력 있는 신하들에게 '귀염을 사고자' 여러 곳에 나누어 보낸 일이 어사御史에게 적발되었다. 궁궐을 짓는 데에는 구운 기와, 토목 자재 및 석재, 대장간에서 쓸 숯, 단청에 쓰일 재료 및 정철正鐵, 새끼줄, 생칡 등의 물품이 필요하다. 그중 가장 많은 비중을 차지하는 것이 목재, 석재, 철이다.

실제로 사관은 "궁궐을 세우는 토목 공사를 하게 되자, 어떤 사람은 재목을 바치기도 하고, 어떤 사람은 동철銅鐵을 바치기도 하고, 어떤 사람은 초석礎石을 바치면서 밖으로는 권력 있는 신하나 총애받는 신하와 도모하고, 안으로는 궁금宮禁과 통하여 높은 품질品秩을 멋대로 차지하는가 하면, 심지어는 미천한 종들까지도 모두 수령이나 장관將官뿐만 아니라 귀한 자리에까지 오르게 되었다. 이리하여 당시에 금金, 목木, 수水, 화火, 토土, 석石, 도적盜賊, 호표虎豹 관원이라고 기롱했다."라고 적었다.[39]

이쯤 되면 광해군의 궁궐 공사를 다른 시각에서 보아야 하지 않을까? '권력 있는 신하'와 '궁금', 즉 궁궐이나 왕실이 궁궐 공사에 들어가는 자재와 상관이 있다는 점이다. 궁궐 공사 커넥션이 작동하는 느낌. 건설회사나 자재회사가 없는데 누가 그 물량을 조달하겠는가. 바로 저들이 궁궐 공사에 필요한 자재를 상납받거나 자체적으로 조달하여 내수사內需司에서 납품하고, 호조에서는 그 대가를 지불하는 커넥션. 왕실과 권력자가 결탁된 대규모 공사. 그림이 그려지지 않는가.

그러니까 이미 궁궐이 있는데 왜 또 짓느냐는 항변은 의미가 없다. 궁궐이 필요해서 짓는 게 아니라, 궁궐 짓는 게 필요해서 짓는 것이기 때문이다.

그러므로 4대강 살리기가 대운하다, 아니다 하는 것은 중요한 게 아니다. 4대강이든 대운하든, 그것이 중요한 게 아니다. 공사를 한다는 게 중요한 것이다. 그렇기 때문에 이명박 정부가 4대강 살리기는 대운하가 아니라고 말한 것이다. 거짓말을 하고 있는 게 아니라, 실제로 4대강 살리기는 대운하가 아니라고 말할 수 있을 정도로 그 차이가 없는 것이다. 중요한 것은 공사를 한다는 것이다.

물론 같은 공사라도, 또 결과가 같을지라도, 광해군의 궁궐 공사는 커넥션이나 왕권 강화 같은 합리적 이유보다는 이미 지어놓은 창덕궁에서 이상한 소리가 들린다고 하는 광해군의 광증狂症과 연관이 크다. 종종 제정신인 사람들은 이런 정신 상태를 이해하지 못한다. 이해하지 못하다 보니, 자꾸 뭔가 합리적인 이유를 찾아내려고 한다. 『광해군, 그 위험한 거울』을 읽고 왕권 강화책이 아니라면 "왜 광해군이 그렇게 궁궐 공사에 몰두했느냐?"라고 묻는 분들이 바로 그렇다. 납득할 수 있는 이유를 찾는 것이다. 그러나 그건 불가능하다. 애당초 합리적인 이유는 없었기 때문이다. 실제로 광해군은 풍수와 점, 굿에 깊이 빠져 있었다. 그래서 궁궐도 자꾸 지었고, 수도를 한양에서 파주로 옮기려고까지 했다. 이쯤 되면 조선 사람들이 왜 광해군을 혼군昏君, 정신 나간 임금이라고 불렀는지 이해될 것이다. 설명할 수 있는 것을 왜곡하는 것도 오류이지만, 비정상적인 사태를 합리적으로 설명하는 것 역시 오류이다.

운하냐 아니냐는 중요한 것이 아니었다. 공사를 하는 것 자체가 중요한 사업이었다. 나랏돈이 얼마나
허투루 쓰일 수 있는지 보여준 국민교육의 모범이 될 것이다. 그래도 광해군보다는 낫다. 그때도 살았
는데, 이번에도 슬기롭게 극복해보자! 낙동강 제1경이라 불리던 경천대의 2010년 10월 전경(위). 그로
부터 4개월 뒤 그 풍성한 모래톱을 다 걷어낸 풍경(아래)

2부 _ 서리 맞은 단풍잎, 봄꽃보다 붉구나

역사학자로서 한마디 더 달면, 광해군의 부활은 이명박의 정책과 무관하지 않다. 아니, 이명박의 등장은 광해군의 부활과 무관하지 않았다. 내 생각이 '망령된 생각'이었으면 좋겠다. 오래전에 현자賢者는 이런 말을 했다. "조정의 뜨락이 심히 깨끗할 때, 백성들의 밭은 잡초가 무성하고 창고는 텅텅 비어 있다.[朝甚除, 田甚蕪, 倉甚虛]"[40] 이제 거꾸로 그가 죽인 4대강을 살리는 데 혈세가 들어가야 할 것이다. 나랏돈이 항상 제대로 쓰이는 것은 아니다.

---

37) 광해군 시대는 『조선의 힘』(역사비평사, 2010)에서도 다루었지만, 『광해군, 그 위험한 거울』(너머북스, 2012)에서 본격적으로 다루었다.

38) 『사기』 권18 「진섭세가(陳涉世家)」.

39) 『광해군일기』 권61 4년 12월 18일(정미).

40) 『노자(老子)』 53장. '제(除)'는 청소, 관리라는 뜻이지만, 조정이나 종묘(宗廟)의 신축, 개조 등도 포함된다. 신축, 개조 때문에 백성들이 동원되어 힘들고, 나라 재정은 바닥난다는 뜻이다.

묻지 말았어야 할 질문

   큰애, 말도 늦게 배우고 쪼그마해서 이게 세상을 제대로 살 수 있을까 하는 걱정을 시킨 적이 있었다. 지금은 빈들거리기도 하고, 뭔가 꼼지락거리기도 하면서 제 인생 알아서 살고 있다. 나도 애들 인생과 내 걱정은 상관이 없다는 것을 깨달아가고 있다.

   얘가 다섯 살 땐가? 같이 동네 가게를 다녀왔는데, 집에 와보니 이놈 손에 껌 한 통이 쥐어져 있었다. 내가 사준 게 아니었다. 그래서 물었다. "이거 네가 들고 왔어?" 끄덕끄덕.

2부 _ 서리 맞은 단풍잎, 봄꽃보다 붉구나

나는 망설였다. 근엄하게 녀석을 내려다보며. 내 근엄함과는 무관하게 녀석은 눈망울을 똘망똘망 굴리며 뭐가 문제냐는 듯이 나를 쳐다보고 있었다. 이 도둑놈! 나는 결심했다. 이놈을 구멍가게에 데려가서 가게 주인에게 애들 교육을 잘못시킨 데 대해 사과하고, 또 놈을 야단쳐서 정의를 구현해야겠다고. 그래서 녀석의 손목을 잡고 가게로 향했다. 놈은 여전히 껌을 손에 들고 끌려가다시피 종종걸음을 치며 딸려왔다. 그때 전광석화같이 내 머리를 스치는 장면이 있었다.

초나라 섭공葉公이 공자에게,
"우리 중에 아주 곧은 사람이 있습니다. 글쎄, 그 아버지가 양 한 마리를 도둑질했더니, 아들이 아버지가 도둑질했다고 증언했지 뭡니까."
라고 말했다. 공자가 말하기를,
"우리 동네에서 말하는 '곧다'는 뜻은 그 맥락하고 좀 다릅니다. 아버지는 자식을 위하여 숨겨주고, 자식은 아버지를 위하여 숨겨줍니다. 곧다는 것은 그런 마음속에 있는 것이 아닐까요?"
라고 하였다.[41]

공자는 덮어주라지 않았는가? 고민에 빠졌다. 가게에 애를 데려가 사과하고 야단을 치는 것이 옳은지, 공자의 말대로 덮어주는 것이 옳은지. 나는 공자의 말을 따르기로 했고, 결국 가게 문 앞까지 갔던 나와 놈은 다시 발길을 돌려 집으로 돌아왔다. 놈의 행동이 옳아서가 아니라, 고발이라는 행위가 부모 자식 간에 할 짓이 못 된다는 생각 때문이었다. 이런 것을 인정人情이라고 한다. 인정에 부합하지 않을 때, 예전 어른들은 이렇게 말했다. "그러면 못쓴다."

그 뒤로 내 판단을 후회해본 적이 없다. 아니, 오히려 그런 판단을 내린 내가 대견하여 가끔 녀석에게 사려 깊은(또는 『논어』를 읽은) 아비의 풍모를 증명하려는 일화로 들려주곤 한다. 물론 녀석은 아직 『논어』 근처에도 가지 않았다.

묻지 말고 판단하라

지난번 대선에서 대선 후보들에 대한 검증이 한창일 때 일이다. 나라를 맡는 일이니까 능력과 청렴성을 검증하는 것은 다양한 방식으로 하는 게 옳다고 생각한다. 그런데 박근혜 후보에게 요구하는 검증은 좀 아니다 싶은 것이 있었다.

박근혜 후보에게 5·16쿠데타에 대해 어떻게 생각하느냐고 묻는 것이다. 나는 이게 위에서 말한 공자나 나의 사례에 비추어 적절하지 못한 질문이라고 생각한다. 아비가 한 일을 두고 자식에게 비판을 하라는 말인데, 이건 인정에 부합하지 않는다. 대선 후보니까, 적어도 사회나 그 나라의 헌법적 가치에 부합하는 상식을 가져야 한다고 말할지 모른다. 개인이 아니라 공인이니까 밝혀야 한다고 말할지도 모른다. 그러나 내가 부모에게 갖는 친함이 나라에 대한 책임이나 의무보다 아래에 있다는 근거는 아무것도 없다. 박근혜 후보가 5·16쿠데타에 대해 말하지 않아도 뭐라 할 수 없는 차원의 문제라는 것이다.

자꾸 박근혜 후보에게 5·16에 대한 입장을 밝히라고 요구하는 것은, 자식인 박 후보에게 죽은 부모를 욕하라는 뜻이다. 그것도 선거 전략이라고 생각하는지 모르지만, 거듭 말하건대 인정에 부합하지 않는다. 그러므로 표를 얻는 데에도 도움이 안 된다. 자꾸 묻는 것을 보면, 설마 이 사람들 5·16이 뭔지 정작 자신들이 모르는 것 아닌가 하는 의구심마저 든다. 5·16쿠데타에 대한 평가? 그것은 이미 내려졌고, 정 부족하다 싶으면 그냥 알아서 잘 평가하면 된다.

그래서 다행이기도 하고 안타깝기도 한데, 박근혜 후보가 그 질문을 지겨워한 나머지 답변을 했다는 것이다. "아버지는 당시 최선의 선택을 했다." 나로서는 그것이 자식의 처지에서 마땅히 할 답변이라고 생각한다. 자식이 부모를 감싸는 것은 당연하다고 생각한다. 그래서 다행이라고 생각한다. 지겨워서든 신념에서든, 자식이 부모에 대한 생각을 누군가의 압박을 받고 표현했다는 점에서는 안타까움을 느낀다. 안타까움을 하나 덧붙이면, 좀 제대로 생각하는 사람들은 그럴 때 최선이 아니라 '최악'이란 표현을 쓴다는 점이다. 고로 나는 1961년 5월 16일 새벽, 박정희가 최악의 선택을 했다고 생각한다.

---

41) 『논어』 「자로(子路)」.

역사의 거인을 추모하는 방법

2009년 어느 날, 타락하는 역사가 버거웠는지 무더운 여름날을 넘기지 못하고 또 한 분의 전임 대통령이 세상을 떴다. 지금 성급하게 그 공과功過 논의에 끼고 싶은 생각은 없다. 몇몇 아쉽고 여전히 비판할 수밖에 없는 장면도 머리를 스치고, 미소와 감격으로 회상할 수 있는 장면도 영화처럼 지나간다.

김대중 전 대통령의 서거는 어느 정도 시대의 전환이라는 의미를 담고 있는 듯하다. 그만큼 시대의 두께를 체현하고 있는 인물이 드물기 때문일 것이다. 그래서 그를 추모하는 마음으로 한 가지 생각해보는 시간을 갖고 싶었다. 그 추모는 살아 있는 우리를 위한 것이다. 서거 소식과 함께 진행된 며칠간의 애도 기간 내내 떠나지 않았던 기억과 느낌은 베트남과 호찌민胡志明(1890~1969)에 대한 것이었다.

독립과 자유를 위한 투쟁

베트남. 중국 명나라 태조太祖 주원장朱元璋(1328~1398)이 남긴 유훈遺訓이 있었다. 조선이 건국되고 태조 이성계李成桂에서 정종定宗으로 넘어가던 무렵의 일이다. 명 태조의 유훈이란, 주변에 정복할 수 없는 16개 나라가 있으니 절대 침공해서는 안 된다는 것이었다. 첫 번째는 고려(조선)였고, 베트남(안남)은 두 번째로 꼽았다.

사대외교를 천명했던 조선이 명나라의 경계 대상 1호였다는 사실은 '조선은 약소국'이라는 우리의 관념에 수정을 요구한다. 사대외교에 담긴 팽팽한 긴장은 생각해보면 이해가 가지만, 제국의 의심과 경계는 좀 지나치다 싶다. 하지만 제국은 괴로웠다. 사방에서 뻔질나게 침탈했으므로. 이런 점에서 19~20세기 자본주의가 팽창한 결과로 나타난 제국주의자들의 식민지 침탈과 동아시아에서 중국과 주변국 사이에 형성된 사대관계는 매우 다른 조건에 놓여 있었고, 따라서 그 성격도 전혀 달랐다. 어쨌거나 명 태조의 유훈을 듣지 않고 성조成祖, 즉 영락제永樂帝는 베트남에 쳐들어간다. 그러다가 인력과 비용만 낭비하고, 강력한 저항에 부딪혀 소득도 없이 철수해야 했다.

자부심에 관한 한 조선에 밀리지 않았던 베트남도 근대 제국주의 침탈에는 견디지 못했다. 응우옌阮 왕조 때인 1885년 베트남은 프랑스의 식민 지배 아래 놓이게 된다. 이로부터 길고 긴 반식민주의 투쟁이 베트남의 역사가 되었다. 그리고 이 20세기 역사에서 빼놓을 수 없는 사람이 호찌민이다.

호찌민의 아버지는 유학자로 과거에 합격하여 관리를 지내기도 했지만, 프랑스의 식민 지배에 반대했으므로 관직이 순탄하지 않았다. 호찌민도 국학國學에 들어갔지만 프랑스 식민정권에 저항하다가 퇴학당했다. 그리고 함선의 요리사로 취직하여 프랑스로 갔다.

프랑스에서 벌인 독립운동으로 감시를 받게 되었을 때, 호찌민은 다음과 같은 일화를 남겼다. 그는 프랑스 당국이 자신에게 '전속 부관(경찰 감시원)'을 제공해주어 감사한다면서 '농업과 산업에 노동력이 부족한 이때, 전속 부관들이 게으름을 피우며 예산을 낭비하고 있으니' 자신에게 부관을 붙여준 호의를 사양하기 위해 일상생활을 공개하겠다고 덧붙였다.

아침 : 8시부터 12시까지 작업장

오후 : 신문사 또는 도서관

저녁 : 집 또는 교육적인 대화 자리 참석

일요일과 휴일 : 박물관이나 흥미 있는 곳 방문

자, 되었는가!

프랑스 식민지 장관이자 전 베트남 총독인 알베르 사로Albert Sarraut(1872~1962)가 이 편지를 받고 웃지는 않았을 것이다. 그렇지만 호찌민은 어느 곳에서건 이런 여유를 지녔다.

베트남을 믿기에 가졌던 희망

베트남에 여행 갔을 때, 호찌민이 지었다는 한시漢詩 몇 편을 본 적이 있다. 한시에 조예가 없어서 평을 할 수는 없었지만, 무척 단순하고 메시지가 명료하다는 인상을 받았다. 흔히 호찌민은 유학자의 품성을 지녔다고 한다. 그 예로 검소하고 소탈한 성격을 꼽는 이들도 있다. 아닌 게 아니라 하노이Hanoi에 있는 호찌민 박물관에 갔을 때, 그가 사용하던 작은 대나무 침대와 책상, 책 몇 권 등 유품을 보면서 그의 인간됨됨이를 짐작할 수 있었다. 호찌민은 성격이 매우 유연한 사람이기도 했다. 그래서 어려운 지경에서도 유쾌한 농담을 잊지 않았다.

온몸이 울긋불긋 비단옷을 입은 듯	滿身紅綠如穿錦
온종일 긁적이니 거문고를 타는 듯	成日撈搔似鼓琴
비단옷에 갇혔으니 모두가 귀한 손님	穿錦囚中觀貴客
거문고 타는 동료들 음악을 아는구나	鼓琴難友盡知音[42]

호찌민은 항불抗佛 독립운동의 연대를 위해 1942년 중국에 갔다가, 도리어 1년 동안 18개 감옥을 옮겨 다니며 국민당의 감옥살이를 겪었다. 참 황당했을 것이다. 위의 시는 그 당시 감옥에서 피부병인 옴에 걸렸을 때 지었다. 옴에 걸려 가렵고 괴로웠을 몸을 두고, 비단옷 입고 거문고 타는 데 비유할 정도로 평정을 유지해갔다. 이렇듯 오랜 반식민주의 투쟁에서 얻은 신뢰와 경직되지 않은 인품 그리고 국민의 아픔을 현장에서 듣고 정책에 반영하는 변함없는 태도 때문에 지금까지 베트남 국민은 대통령 호찌민을 '호 아저씨'라는 애칭으로 부

1961년 중국을 방문했을 때 리장 강에서 소탈하게 웃는 호찌민. 그는 자신이 죽은 뒤 화장해달라고 유언했다. 그러나 베트남 정치국에서는 그의 시신을 방부 처리하여 전시하고 있다.

2부 _ 서리 맞은 단풍잎, 봄꽃보다 붉구나

르고 있다.

인간에서 신화로

1969년 9월 2일, 호찌민은 남북 베트남이 갈려 있던 와중에 통일을 보지 못하고 세상을 떴다. 그런데 역사에서 큰 발자취를 남긴 인물은 죽어도 죽은 게 아니다. 소박한 마음으로 추모하는 사람들도 있지만, 그 인물로 인해 뭔가를 얻을 수 있는 사람들은 그의 죽음을 이용하기 때문이다. 그래서 혜안을 가진 지도자들은 대개 생전에는 물론 죽은 뒤에도 자신을 신격화하는 어떠한 활동이나 조치에도 반대한다.

호찌민도 자신이 죽은 뒤 화장하라고 유언했다. 그러나 그의 동지들은 이 유언을 저버렸다. 호찌민이 세상을 뜨기 1년 전인 1968년, 소련의 전문가가 비밀리에 하노이에 와서 호찌민 시신의 방부防腐 처리에 대해 조언했다. 그리고 정치국은 '미래 세대를 교육하기 위해' 방부 처리한 호찌민의 시신을 전시할 기념관 건설을 승인했다. 내가 하노이에 갔을 때 본 호찌민의 시신은 인민복 차림으로 두 손을 모은 채 누워 있었다. 그의 시신은 매년 방부 처리를 하려고 러시아에 보내진다고 한다.

1980년 말이 되어서 소박한 장례식을 원했던 호찌민의 유언장이 부분적으로 훼손되었다는 사실과 당黨에서 베트남 독립기념일인 9월 2일의 분위기를 유지하기 위해 호찌민의 사망을 9월 3일로 하루 늦춰 발표했다는 사실이 밝혀졌다.[43]

레닌이 세상을 뜬 뒤 스탈린도 비슷한 짓을 했다. 결국 레닌의 동상이 본의 아니게 세워졌고, 후일 밧줄에 감기어 내동댕이쳐졌다. 산 자들의 욕심으로 죽은 자를 제때 보내지 않아 욕을 보게 만드는 것은 자신들의 시대를 스스로 감당할 능력도, 비전도 없다는 고백이나 마찬가지다. 보낼 분은 보내드리자. 그것은 예의이기도 하지만, 자신들의 시대는 스스로 책임지겠다는 산 자들의 약속이자 자존심이기도 하다.

42) 호찌민, 안경환 옮김, 『옥중일기』, 지만지, 2008. 호찌민의 한시 134편이 실려 있다. 호찌민이 독립운동을 하면서 쓴 글은 『호치민 – 식민주의를 타도하라』(프레시안북, 2009)에 망라되어 있다. 1920년 프랑스 투르(Tours)에서 있었던 인도차이나 대표 연설부터, "인민들이 돈과 시간을 낭비하지 않도록 대규모 장례식을 치르지 않았으면 한다."라고 당부한 유언장까지 실려 있다. 베트남 정부의 목표와 과업을 정리한 글이 많은데, 정연하기가 이를 데 없어 국정을 담당할 공무원들의 교육 자료로 사용해도 손색이 없다.

43) 윌리엄 J. 듀이커, 정영목 옮김, 『호치민 평전』, 푸른숲, 2003. 듀이커는 1960년대 미군 장교로 베트남 전쟁에 참전했다가 호찌민이란 인물에게 매력을 느꼈고, 30년 동안 각국의 문서보관소와 도서관을 뒤져 1,000쪽에 달하는 방대한 평전을 완성했다.

『친일인명사전』 편찬에 부쳐

　'기억, 책임, 그리고 미래.' 민족문제연구소 홈페이지에 걸려 있던 동영상 제목이다. 2009년 11월 8일, 민족문제연구소는 '친일인명사전 발간 국민보고대회'를 했다. 세 권의 『친일인명사전』. 광복이 된 지 60년이 지나도록 식민지 청산의 첫걸음인, 친일 부역자들에 대한 기록조차 남기지 못했던 사정을 거듭 말하고 싶지는 않다. 다만 이 사전 편찬 사업마저도 국가 지원 예산이 깎여서 2004년 초 네티즌이 주도한 성금 운동으로 겨우 완성할 수 있었다는 점은 분명히 기억하자. 그리고 '친일반민족행위 진상규명위원회'는 아직 할 일이 태산인데도 4년 존속이라는 법률 규정 때문에 정리되고 말았다는 것도 기억하자. 독립유공자의 후손 60% 이상이 기초수급대상자인 현실도 기억하자. 그리고 이것이 현재 대한민국 국회와 정부의 수준, 이 나라에 사는 우리 시민의 수준이라는 것도 반드시 자각하자.

종종 우리는 너무 빨리 잊어버린다고 스스로를 탓한다. 뇌물을 받은 정치인도, 탈세를 한 재벌 회장도 곧 잊을 것이기 때문에 소나기만 피하면 된다고 공공연히 말한다. 스스로를 못 믿고 술잔을 기울이며 냄비근성을 푸념한다. 이러한 우리들에게 들려주고 싶은 이야기가 있다.

혹시 단종端宗과 사육신死六臣이 언제부터 '단종'과 '사육신'이었는지 아시는지? 세조의 왕위 찬탈 이후 어린 왕은 '노산군魯山君'으로 강등되고, 어린 왕에게 구현된 정통성을 지키려고 한 성삼문成三問(1418~1456) 등은 역적이 되어 시신조차 찾을 수 없었다. 이후 사육신이란 말조차도 금기시되었다. 240여 년이 지난 숙종 때(1698년)에 이르러서야 노산군은 '단종'으로, 역적이었던 성삼문 등은 '사육신'으로 복권되었다. 흥미롭게도 우리가 장희빈張禧嬪의 치마폭만 떠올리는 숙종 시대에 말이다. 단종이 영월 땅에서 세조에게 죽임을 당한 지 242년 만의 일이다.

242년 동안 무슨 일이 있었는가? 조선의 학자들은 책을 지어 이들을 추모했다. 보통 사람들은 단종과 사육신에게 제사를 지내거나 민담을 만들어 입에서 입으로 이들의 정당성을 전했다. 그렇게 240여 년을 기억해왔다. 별로 비장하지도 않게, 그저 살면서 그렇게 했다. 그리고 마침내 잘못된 역사를 바로잡았다.

역사수정주의와 기억 상실

『친일인명사전』이 발간된다고 하니까 몇몇 후손이 우리 조상은 그런 적 없다며 가처분신청을 냈다가 기각되었다고 한다. 이런 발뺌과 부인을 역사학에서는 '역사수정주의'라는 말로 점잖게 표현하기도 한다. 나치의 유대인 학살을 부인하는 경우가 대표적 사례이다.

수정주의자들은 유대인들의 증언이 조작, 위조되었다고 주장한다. 인종 학살이나 가스실 같은 비인간적 시설은 없었고, 죽은 유대인 숫자도 600만 명이 아니라 20만 명이며, 제2차 세계대전은 독일 히틀러의 책임만은 아니다 등등. 여기서 도착倒錯이 발생한다.[44] 희생을 희생자가 증명하지 않으면 안 되는 처지에 놓이는 것이다. 이럴 때는 주저 없이 우리 희생자들이 수용소에 끌려가지 않았다는 것을 너희가 증명할 수 있으면 증명해보라고 맞받아쳐야 한다. 병원에 온 환자가 오진 때문에 죽은 것이 아니라는 사실은 환자 가족이 아니라 의사가 증명해야 하는 것이다.

이 문제는 역사학의 인식론과도 관련되어 있다. 마치 수정주의자들의 주장을 역사학의 덕목을 벗어난 것으로, 즉 역사학과 무관한 것으로 오해하고 방심할까 싶어서 짚어둔다. 역사의 서술이나 인과가 빈틈없이 짜인 경우는 없기 때문에 '여기가 모자란다', '저 증거가 부족하다'고 얼마든지 말할 수 있다. 바로 이 틈으로 수정주의는 독을 푼다. 역사학자들이 팔짱만 끼고 있을 사안이 아니라는 것이다.

동시에 이런 발뺌이 가능한 조건, 온상이 있다. 나치에 협력한 페탱 정권을 청산한 프랑스를 본보기로 삼자고 한다. 프랑스 북부는 독일 군이 점령했고, 남부는 온천도시 비시Vichy를 수도로 한 프랑스 페탱 정부가 독일과 협력했기에 이 시기를 '비시 체제'라고 부른다. 그런데 제2차 세계대전 이후 비시 체제 청산의 상징이 된 드골은 레지스탕스 경험도 없고 외교적 수사와 연설로 신화를 만든, 마치 이승만과 같은 인물이었다. 정작 레지스탕스 투사들은 정치에서 배제되고 신화로 남았다.

우리도 미국의 반공정책으로 수립된 남한 단독정부에서 이승만은 친일부역자를 대거 관리, 경찰, 군인으로 받아들이고, 민족해방 투쟁을 이끌었던 독립운동 세력을 배제하였다. 이러한 드골 정권의 허구성은 68혁명으로 폭로되었다. 이렇게 보면 프랑스의 과거 청산은 부러워할 사례가 아니라, 우리와 매우 유사하다는 점에서 거울이 될 수 있다.[45]

어렸을 때 가졌던 드골에 대한 표상을 날려버린 것이 아쉽기는 했으나, 앙리 루소Henry Rousso(1954년생) 같은 학자가 있는 프랑스 학계가 부러웠다. 그는 이집트 카이로 출신이다. 그는 나치에 부역했던 비시 정부 아래서 독일에 대한 프랑스의 일상적인 사회적 협력, 이데올로기적 협력, 정부의 정치적 협력을 서술했다. 그러나 서술에만 그치지 않는다. 전쟁 이후 '애도 단계→기억 상실→기억 진술→기억 과잉' 시대를 거치면서 강점기의 갈등이 사회를 어떻게 지속적으로 자극하고 있는지 보여주었다.

앞서 나치 학살을 부정하는 수정주의에 대해 말했는데, 그 수정주의가 독일이 아닌 프랑스에서 시작된 것은 우연이 아니었다. 드골 정권이라는 온상이 있었던 것이다. 실제로, 1942년 1만 3,000명의 유대인을 프랑스 정부가 자발적으로 검거하여 학살 수용소로 보냈던 '벨디브 일제검거사건'에 대해서 프랑스인은 대부분 아직도 모르고 있다. 사이비 정통성을 가진 정권이 기억 상실을 조장하는 것은 보편적인 현상이다.

수정주의 출현의 또 다른 온상은 우습게도 피해자였던 유대인들, 지금의 이스라엘이란 국가와 국민이다. 피해자였던 유대인들은 이제 팔레스타인이라는 피해자를 만들고 있다. 서방 언론은 이스라엘의 미사일과 탱크에 맞서는 팔레스타인의 돌팔매를 폭력으로 규정하고 있다. 이러한 혼돈이 희생을 가볍게 생각하도록 만드는 토양이자, 피해를 다시 가해로 푸는 야만성이 등장하는 지점이다. 여기서 과거를 기억해야 할 이유가 가해자, 피해자에 국한되는 문제가 아님을 발견한다. 그리고 『친일인명사전』의 편찬이 왜 기억이고, 책임이며, 미래인지 그 답을 얻을 수 있다.

44) 우카이 사토시, 미간행 논문 「수난에 대해」 참고.

45) 앙리 루소, 이학수 옮김, 『비시 신드롬』, 휴머니스트, 2006. 이 책과 함께 전진성의 『역사가 기억을 말하다』(휴머니스트, 2005), 이용우의 『프랑스의 과거사 청산』(역사비평사, 2008)도 함께 참고. 나치 시대의 역사에 대해서는 데틀레프 포이케르트의 『나치 시대의 일상사』(김학이 옮김, 개마고원, 2003)가 훌륭하다.

도적은 도적일 뿐이다, 다만……

봄 같은 여자 봉단이

나에겐 봄이면 떠오르는 여자가 있다. 왜 그런지는 정확히 모른다. 그 여자가 봄처럼 느껴지기 때문일까? 그 여자는 '봉단'이다. 옛 애인이 아니다.

벽초碧初 홍명희洪命熹(1888~1968)의 소설 『임꺽정』은 '봉단편'으로 시작된다. 1권 봉단편의 주인공이 봉단이다. 2권은 봉단이의 작은아버지 양주팔, 즉 갖바치(뒤의 병해대사)를 주인공으로 한 '피장편'이다. 실제로 『임꺽정』에서 주인공 임꺽정은 2권에서, 그것도 조금 나오기 시작한다. 그래서 불만인 사람도 있다고 한다. 허나 나는 주인공 임꺽정이 조금 나오는 1~3권이야말로 벽초의 진면목이 유감없이 드러나는 『임꺽정』의 진수라고 생각한다. 내가 지금까지 본 중종中宗, 인종仁宗, 명종明宗 대의 시대사 중에서 벽초의 서술이 가장 정확했다. 하여 '조선 전기사'를 강의할 때 학생들에게 이 『임꺽정』 1~3권을 읽고 감상문을 제출하라는 과제를 내주기도 했다.

벽초 홍명희의 『임꺽정』은 말이 필요 없는 명작이다. 벽초가 북한으로 가서 부수상까지 지냈기 때문에 한때 『임꺽정』은 국내에서 출간되지도 못했다. 1985년에야 출간되어 호응을 얻었다.[46] 대략 연산군 대부터 중종~명종 대까지의 상황을 보여주는데, 벽초가 『조선왕조실록』을 읽고 『임꺽정』을 쓴 것인지는 모르겠다. 『임꺽정』 집필 당시 『조선왕조실록』이 총독부에서 간행되었지만 아무나 보지는 못했기 때문이다.

최근 연구자들은 벽초만 한 안목으로 조선시대를 서술하지 못하고 있다는 생각이 종종 든다. 부친 홍범식洪範植(1871~1910)이 1910년 강제 합방 때 자결한 데에서 알 수 있듯이, 조선 문명에 푹 몸을 담았던 벽초의 벽을 넘기 어려운 것일까. 벽초 홍명희는 그와 함께 식민지 조선의 3대 천재로 불렸던 육당六堂 최남선崔南善(1890~1957)이나 춘원春園 이광수李光洙(1892~1950)가 따르지 못할 도저到底한 수준이 있다. 근대주의에 빠져 허우적거렸던 이광수에게 조선의 진수는 애당초 눈에 들어오지 않았을 테니까.[47]

이장곤李長坤(1474~1519)은 홍문관 교리校理를 하던 촉망받는 학자

관료였다. 소설『임꺽정』에 따르면 연산군이 죽은 어미 폐비 윤씨의 원수를 갚으려고 이장곤에게 의견을 물었다고 한다. 이장곤은 덕을 쌓으라고 대답했고, 그 길로 연산군은 그를 거제로 귀양 보냈다. 원하는 대답이 아니었던 것이다.

『연산군일기』을 보아도 이장곤은 1504년(연산군 10년) 벌어진 갑자사화甲子士禍 당시 홍문관 교리로 있다가 귀양 간 것으로 되어 있어, 홍명희의 서술이 매우 정확한 사실에 입각했음을 알 수 있다. 연산군은 무예도 뛰어났던 이장곤이 변란을 일으킬까 두려워 그를 한양으로 불러 처형하려고 했는데, 이장곤은 이를 알고 귀양지에서 도망쳤다. 소설에서는 한림翰林(사관) 정희량鄭希良이 여차하면 달아나라는 점괘를 주어 도망친 것으로 되어 있다.

아무튼 이장곤은 신분을 숨기고 함경도로 도망쳤다가 거기서 봉단이를 만나 혼인한다. 그때 그는 김 서방이라고 불렸다. 봉단이는 함경도 고리백정 양주삼의 딸이고, 임꺽정의 아버지인 돌이의 사촌누이이다. 그러니까 임꺽정의 당고모인 셈이다. 우리가 잘 아는 고사故事, 즉 우물가에서 물을 청했더니 바가지에 버들을 띄워주었다는 그 이야기의 주인공이 바로 봉단이다. 봉단이의 매력은 지혜롭고 당돌하며 사랑스러운 데 있다.

중종반정中宗反正으로 연산군이 쫓겨난 뒤 이장곤은 다시 촉망받는 관료로 복귀했다. 이별을 걱정하는 봉단이에게 이장곤은 말한다. "그대를 버리고 나 혼자 누릴 생각은 없소. 저기 하늘이 내려다보고 계시오." 중종은 봉단이를 정경부인貞敬夫人으로 인정한다. 이런 이장곤을 참 마음에 들어하는 분들도 많았다. 심정沈貞(1471~1531), 남곤南袞

(1471~1527) 같은 간신들이 기묘사화己卯士禍를 일으켜 조광조趙光祖
(1482~1519) 등을 죽인 뒤 이장곤도 낙향했는데, 중종이 그를 보호해
주어 그나마 목숨을 건졌다고 한다.

임꺽정에 대한 이상한 해석

『임꺽정』은 미완의 소설이다. 임형택 교수는 『임꺽정』의 후속 전개
를 두고 "농민 저항의 지도자 임꺽정이 봉건 체제에 대항해서 싸우다
가 마침내 꺾여가는 과정, 그의 좌절과 죽음이 남은 이야기인 것이
다."라고 예상했다. 『임꺽정』을 '봉건 체제에 대항한 농민 저항'으로
보는 셈이다.

하지만 나는 이에 동의하지 않는다. 그런데 이러한 오해의 원인은
벽초 자신이 제공했다. 벽초는 『임꺽정』에 대해 "임꺽정이란 옛날 봉
건 사회에서 가장 학대받던 백정 계급의 인물 아니었습니까? 그가 가
슴에 차 넘치는 계급적 해방의 불길을 품고 그때 사회에 대하여 반기
를 든 것만 해도 얼마나 장한 쾌거였습니까? 더구나 그는 싸우는 방법
을 잘 알았습니다. 자기 혼자만 진두에 나선 것이 아니라 저와 같은 처
지에 있는 백정의 단합을 먼저 꾀하였던 것입니다."라고 썼다.

조선이 '봉건' 사회가 아니었다는 얘기는 접어두자. 도대체 언제 임
꺽정이 '백정의 단합'을 먼저 꾀했다는 말인가? 꺽정이 패거리 중에
백정은 꺽정이 하나 아니었나? 출신 성분이 다 다르지 않았나? 정말
『임꺽정』을 벽초가 쓴 거 맞나 하는 생각이 드는 대목이다.

임꺽정은 싸움도 '단합'보다는 일대일 맞짱뜨기나 몇몇 두령頭領 중
심의 전투를 즐겼다. 산채를 옮기면서 먼저 살던 사람들 수십 명을 마

구 죽였고, 도우러 왔던 도적 우두머리도 때려죽였다. 이런 일이 예사였다. 그는 마음대로 했다. 그리고 마음대로 할 수 있는 가공할 힘과 검술이 있었을 뿐이다.

최근 『임꺽정』을 새롭게 해석한 고미숙 선생조차 어떤 인터뷰에서 "삶의 간극이 없는 곽오주가 제일 끌린다."라고 말했다. 이상하다. 곽오주, 쇠도리깨를 쓰는 도적으로 임꺽정의 두령 중 하나인데, 자기 자식을 죽인 충격으로 우는 애들만 보면 정신이 나가서 쇠도리깨로 애들을 때려죽인다. 곽오주 저 하나 삶의 간극이 없는 것은 좋지만, 오주의 쇠도리깨에 맞아 죽은 애들은 어찌 되나?

이렇듯이 『임꺽정』을 둘러싼 해석에는 과잉이 있다. 소설이라 그런가? 『임꺽정』은 '봉건 철폐' 같은 거창한 이상을 말한 것이 아니라, 오히려 나중에 벽초가 밝힌 대로 '조선 정조朝鮮情調에 일관된 작품'이 아니었을까? 굳이 그림을 그리면, 백정은 백정대로 스트레스받지 않고 살 수 있는 세상 정도, 그리고 조선 사람들의 살과 피가 느껴지는 이야기를 벽초는 생각했던 것 아닐까?

명리학命理學에 능통한 도인 갖바치는 백정이었음에도 조광조를 비롯한 사림士林들과 깊은 교류를 맺는다. 조광조의 귀양길에 동대문 밖 어느 민가에서 먼발치로 조광조를 보내는 장면은 가슴을 내주는 인간들의 아픈 정감을 보여준다. 벽초는 그런 정서를 아는 감수성 있는 인물이었을 것이다. 그리고 『임꺽정』에서 그런 인간들의 관계가 좌절되었던 연산군 대에서 명종 대까지를 그려냈을 것이다. 그러면서 수많은 꺽정이가 도적이 되지 않고도 자기 팔자대로 살 수 있는 세상을 생각하지 않았을까?

46) 홍명희, 『임꺽정』, 사계절출판사, 1985. 벽초 홍명희에 대한 연구로는, 강영주, 『벽초 홍명희 연구』(창작과비평사, 1999) 참고.

47) 이 주제는, 『신동아』 2013년 10월호에 실린 연재글 「역사기록의 왜곡과 진실」 참고.

봄눈 속에 감상하는 「세한도」

　봄에 때 아닌 눈이 내린다. 때 아닌 눈이라고 말했지만, 때 아닌 자연 현상은 없다는 생각이 든다. 때가 아니라고 말하는 것은 다만 자연을 기계적으로 이해하는 우리의 인식 때문 아닐까. 그도 그럴 것이 때 아닌 자연 현상에는 언제나 이유가 있다. 원래 봄눈은 봄이 오는 길목의 단골손님이었다.

나중에 시든다?

서당에서 한문을 배울 때의 일이다. 공자의 말 중에 '세한연후, 지송백지후조야[歲寒然後, 知松柏之後彫也]'라는 구절이 문제였다.[48] 이걸 나는 "날씨가 추워진 뒤에야 소나무와 잣나무가 나중에 시듦을 안다."라고 풀었다. 여기서 '나중에 시든다[後彫]'라는 말이 문제였다. 아무 생각 없이 이렇게 해석한 나에게 함께 공부하던 친구는 틀렸다고 지적했다. 소나무나 잣나무는 상록수이기 때문에 시들지 않는다는 것이다. 그러므로 '시들지 않는다'로 해석해야 옳다고 했다.

친구 말이 그럴듯하기도 했으나, 아무래도 수긍이 가질 않았다. 후조[後彫]의 '조[彫]' 자는 '조[凋]' 자와 통하고, 후[後]는 '뒤'이니, '시들지 않는다'는 뜻의 글자는 없기 때문이다. 그러자 친구는 다시 '후조'란 '시들기를 뒤로한다'고 해석해야 하며, 이는 곧 '시들기를 거부한다', '시들지 않는다'는 의미라고 설명했다. 그리고 이 대목은 공자가 시류에 따라 변절하는 삶을 비판하면서 시세에 굴하지 않는 곧은 절개를 소나무에 비유한 말인데, 내 말대로라면 일단 지금은 변절하지(시들지) 않다가 나중에 변절한다(시든다)는 의미로 공자가 말했다는 것이냐고 반문했다. 앞뒤 정연한 친구의 말에 나는 알겠다며 물러서야 했지만, 완전히 수긍한 것은 아니었다.

그러던 어느 날, 나는 친구에게 반박할 단서를 찾았다. 소나무도 시든다는 사실이었다. 소나무가 여느 나무처럼 1년에 한 번씩 잎이 나고 가을에 떨어지지는 않지만, 대체로 2년 이상 지나면 떨어진다(시든다)는 것이다. 떨어지는 때는 계절에 상관없다고 한다. 그렇다면 친구가 말한 '시들기를 거부한다', '시들지 않는다'란 해석은 소나무나 잣나

去年以晚學大雲二書寄來今年又以藕畊文偏寄來此皆非世之常有購之千萬里之遠積有年而得之非一時之事也且世之滔滔惟權利之是趨爲之費心費力如此而不以歸之權利乃歸之海外蕉萃枯槁之人如世之趨權利者太史公云以權利合者權利盡而交踈君亦世之中一人其有超然自拔於滔滔權利之外不以權利視我耶太史公之言非耶孔子曰歲寒然後知松柏之後凋松柏是毋四時而不凋者歲寒以前一松柏也歲寒以後一松柏也聖人特稱之於歲寒之後今君之於我由前而無加焉由後而無損焉然由前之君無可稱由後之君亦可見稱於聖人也耶聖人之特稱非徒爲後凋之貞操勁節而已亦有所感發於歲寒之時者也

세한도 처음 세한도를 보고 '저게 무슨 잘 그린 그림이야?'라고 생각했다. 지금도 그림을 잘 모르지만, 이제 그렇게 무식하게 묻지는 않는다.

무의 실제 생리와 맞지 않는다.

그러면 그렇지! 나는 다시 대들었다. 산둥 지역(공자가 살던 노나라가 중국 산둥반도 근처였다)에 살던 공자가 소나무나 잣나무도 매년은 아니지만 해가 쌓이면 시들어 떨어진다는 사실을 몰랐겠느냐, 분명히 알았을 것이고, 따라서 공자가 말했던 '후조後凋'는 '나중에 시든다'는 의미라며 반론을 폈다. 친구는 고개를 갸웃거리면서도 마땅히 대꾸할 말을 찾지 못했다. 그런데 여기서 친구와 나는 같은 문제에 부딪혔다. '나중에 시든다'고 하면 절개가 곧았던 사람도 나중에는 변절한다고 해석되기 때문이다. 난감한 일이었다.

그렇게 청년 시절에 아포리아[難題]로 가슴 한구석에 담아둔 의문은 세월이 흐르면서 저절로 풀렸다. '나중에 시든다'로 해석하든, '시들지 않는다'로 해석하든, 누구도 공자의 본의本意를 '그때는 변절하

지 않다가 나중에 변절한다'는 뜻으로 알아듣진 않을 것이다. 왜 그럴까? 그렇다. 비유였기 때문이다. 모든 비유에는 본의가 있고, 그 본의를 담는 함축이 있다. 사람들은 그 비유에서 본의를 찾아낼 줄 알았고, 나와 내 친구는 본의와 여지를 혼동했던 것이다. 우리는 둘 다 맞는 해석을 했다.

거친 황량함에서 발견하는 정감

참으로 오랫동안 공자의 이 말은 사람들의 삶 속에 녹아들었다. 그러던 중 조선의 어느 학인學人이 공자의 말을 그림으로 형상화했다. 그 사람은 추사秋史 김정희金正喜(1786~1856)이고, 그림은 바로 「세한도歲寒圖」이다. 조선 문화의 전통을 깊이 축적한 상태에서 청나라의 학술과 문화를 온전히 받아들여 소화한 다음 새로운 차원으로 승화시킨 19

세기의 학인.

처음 「세한도」를 보았을 때 나는 '저게 뭐야?' 하는 수준의 미감美感을 가지고 있었다. 덩그러니 집 한 채, 뭔가 각도도 안 맞고 휙 그린 듯한 거친 붓질. 소나무는 왜 이리 못생겼나……. 그렇게 「세한도」는 나에게서 멀어져갔다.

그러다가 간송미술관에서 열리는 봄, 가을 전시를 따라다니면서 몇 번 추사의 작품을 만났다. 처음에는 '저런 글씨는 초등학생도 쓰겠다……'며 예의 무식을 드러내기 일쑤였다. 하지만 그런 무식을 오래 유지하기는 어려웠다. 추사나 내가 같은 획을 우연히 그을 수는 있다. 다만 추사는 같은 획을 만 번, 천만 번이라도 그릴 수 있으나 아무리 애를 써도, 초등학생이나 나는 한 번 이상 그려내지 못할 것이다.

추사의 몸에 익은 내공과 초등학생의 우연한 일치 사이의 간극일 것이다. 이 간극에 대한 깨달음은 나를 대가 앞에서 겸손하게 만들었다. 그 무렵 좋아하게 된 추사의 글과 글씨가 "봄바람 같은 큰 아량은 만물을 품에 안고, 가을 물 같은 맑은 문장은 티끌에 물들지 않는다.[大雅春風能容物, 秋水文章不染塵]"라는 대련對聯이었다.

들자하니 「세한도」를 보고 '이게 뭐야!' 하고 반응하는 사람이 나만이 아니었다. 많은 사람이 무슨 그림이 이렇게 생겼냐는 표정으로 당황한단다. 대충 그린(듯한) 나무 몇 그루, 이상하게 생긴 집, 사람도 배경도 없고, 화려한 채색도 뛰어난 묘사도 없고……. 그저 황량함!

세한도는 추사가 제주도 유배 생활 중에 그린 것이다. 그러니 황량할 수밖에! 세도정치 와중에 추사 집안은 왕실의 일원이었음에도 아버지 김노경金魯敬(1766~1840)이 관직까지 추탈당하는 변고 끝에, 추사도 제주도로 귀양살이를 떠나야 했다.[49] 그래도 차과복통車過腹痛, 무덤을 그냥 지나치면 서운해서 서너 걸음도 가지 않아 배가 아프게 될 정도로 친했던 두 친구, 황산黃山 김유근金逌根(1785~1840)과 이재彝 齋 권돈인權敦仁(1783~1859)이 있어서 위안이 되었다. 김유근은 '안동 김씨', 추사는 '경주 김씨'로, 세도정치의 경쟁 가문이었음에도 더할 나위 없는 벗이었다. 초의선사草衣禪師(1786~1866)나 몇몇 지식인도 험한 바닷길을 헤치고 추사를 찾았다.

이상적李尙迪(1804~1865)은 추사의 처지를 가장 잘 이해했던 사람 이다. 역관譯官이었던 그는 베이징北京의 소식은 물론 최신 서적을 구 해서 추사에게 보내주었다. 이런 즐거움이 없었다면 추사는 그 세월 을 버티기 어려웠을 것이다. 「세한도」는 추사가 이상적에게 준 마음 의 선물이었다. 한겨울이 되면 소나무나 잣나무가 푸르다는 것을 알 수 있듯이, 이상적은 변치 않는 의리로 추사 곁에 있어주었다. 추사가 어찌 마음을 표현하지 않을 수 있겠는가!

그림에는 이상적에게 보내는 「세한도서歲寒圖序」가 붙어 있다. 다음 은 그 일부이다. "태사공太史公(사마천)은 '권세나 이권 때문에 어울리 게 된 사람들은 그것이 떨어지면 만나지 않게 된다'고 했다. 그대 역시 세상의 이런 풍조 속의 한 사람인데도, 초연히 권세나 이권의 굴레에 얽매이지 않고 나를 대했단 말인가? 태사공의 말이 틀린 것인가?"

---

48) 『논어』 「자한(子罕)」.
49) 박철상, 『세한도 ─ 천년의 믿음, 그림으로 태어나다』, 문학동네, 2010.

3부

국사(國史)를
넘어서

국사(國史)를 균열 내는 국사

   2011년 4월 22일, 교육과학기술부와 국사편찬위원회, 역사교육과
정 개발추진위원회는 2012년 고교 입학생부터 한국사를 필수과목으
로 환원한다는 내용의 '역사교육 강화방안'을 발표했다. 한국사의 필
수과목 전환에 대해 정부는 학생들에게 역사의식을 강화하고 일본의
독도영유권 주장, 중국의 동북공정 등의 역사 왜곡에 대응한다는 이
유를 들었다.[50]

   2년 전인 2009년 12월 교육과정을 개편하면서 정부는 학습 부담을

줄인다는 이유를 들어 고교 '국사'를 필수과목에서 선택과목으로 바꿨다. 하지만 교육과학기술부(현 교육부)에 따르면, 전국 2,300여 개 모든 고교에서 계속 한국사를 가르쳐왔다. 따라서 이날 정부가 한국사를 필수로 다시 바꾼 것은 1년 4개월 전 한국사 교육과정 개편이 잘못되었음을 인정한 셈이다. 그러다 보니 교육계에서는 학교 현장의 한국사 교육에는 변화가 없었는데 정부만 선택에서 필수로 왔다 갔다 하는 일관성 없는 정책을 펴왔다고 지적한다.

한편 2009년 개정 교육과정 발표 때 교과부 차관은 'MB 교육의 입안자' 이주호였다. 그는 2011년 당시 MB 정권의 교과부 장관이었다. 이쯤 되면 거의 붕어 수준의 기억력이다. 한국사를 선택으로 바꾼 뒤에도 교과부는 행정지도를 통해 전국 고교에서 한국사를 꼭 가르치도록 했다. 이럴 거면 왜 바꿨을까? 교과부 김 아무개 과장은 "전국 2,300여 개 고교 중에서 한국사를 가르치지 않는 학교는 한 곳도 없다."라고 밝혔다.

그리고 다시 2013년 8월 12일, 새로 부임한 서남수 교육부 장관은, '한국사 과목의 수능 필수화'를 골자로 한 '역사교육 강화방안'을 내놓았다. 어쩌면 제목도 똑같은 '역사교육 강화방안'이다. 아무래도 좋다. '역사교육'만 이루어질 수 있다면 상관없다.

그런데 강화될 교육이 '역사'가 아니라 '한국사'이다. 동아시아사는? 세계사는? 말로는 국제화 운운하면서 정작 안으로만 파고들 작정인가. 또 교육 강화를 평가 위주로 접근하고 있다. 그렇지 않아도 암기 과목이었던 국사 과목이 학생들에게 지옥이 될 듯싶다. 게다가 대통령의 말 한마디로 급조된 발제와 토론뿐 현장의 논의와 검토는 생략

되었다.

국사, '경계 짓기'와 '경계 지우기'

대학 교양이나 고등학교 교과목에서 국사가 필수 아닌 선택이 될 때, '우리 역사학자들'은 한결같이 결연히 성명서 또는 칼럼을 통해 그 부당함을 천명해왔다. 안타깝게도 나는 조금 철이 든 뒤 국사를 좋아하지 않았기 때문에, 아니 국사는 좀 무서운 것이라는 생각이 들었기 때문에 그런 대열에 거리를 두는 중이다.

르낭Joseph Ernest Renan(1823~1892)이 『국민(민족)이란 무엇인가』에서 설명하고 있듯이, 근대 국민국가는 자신의 정체성을 만들기 위해 새로운 기억을 창출한다.[51] 국민국가의 기억, 국민국가의 국민이 가져야 할 기억, 이것이 '국사'이다. 고구려를 국사로 만들기 위해서는 고구려 사람들 대부분이 말갈인이었다는 사실은 지워야 한다. 남북국시대가 되기 위해 발해는 고구려의 유민이 세운 나라가 되어야 한다. 주권국가가 시행하는 일종의 오만한 여권 발급이다.

과거의 경험은 관념 속에서 재단되니까 유보한다고 쳐도, 막상 현실에서 이런 망각과 함께 여권을 발급받아야 한다면 상황은 달라진다. 오키나와가 전쟁을 거치면서 어떻게 일본에 동화되어가는지, 일본화되는 과정에서 일본화되지 않은 균열의 지점이 어딘지 묻고 또 물었던 이유가 이 때문일 것이다.[52] 거기에 탐라, 제주도가 겹치고, 또 우리의 삶이 겹친다.

국사, 즉 국민국가의 기억은 역사(학)를 부정할 수 있는 매우 위험한 고착이다. 국사의 고착이 갖는 폭력성에는 두 가지 층위가 있다. 첫째 층위. 언젠가 본 '장군님'으로 시작하는 개그 프로그램. 신라 사신이 고구려 국왕에게 왔을 때 통역을 내세운다. 경상도 사람이 하는 말을 평안도 사람이 못 알아들었다는 발칙한 상상인데, 나는 거기에 한 표 던진다. 충청도 천안에서 태어나 서울에서 학교를 다닌 나는 대학 들어와서 마산 친구가 하는 말 대부분을 못 알아듣고 알아듣는 척 웃기만 했다. 분명 '국어'를 하는데 주파수, 발음, 억양이 생소해서 헷갈렸다. 국사는 이런 현실은 물론 개그맨의 상상도 용납하지 않는다. 삼국시대는 원래 하나여야 하는데 불순하게 셋으로 나누어 보고 있으니 말이다. 국사의 경계 짓기!

둘째 층위. 내가 어떤 삶을 살든, 어느 집안이든, 종교가 무엇이든, 어떤 사회 활동을 하든, 어떤 학교를 다니든지 나의 기억은 대한민국사史라는 하나의 차원으로 정리되어야 한다. 전라도 공무원과 경상도 공무원이 되려면 경상도사, 전라도사가 아니라 공히 국사를 배워야 한다. 그것도 이상한 한국사능력검정시험인가 뭔가 하는 시험을 봐서 3급을 따야 한다. 도대체 강원도 공무원이 왜 국사 시험을 봐야 하나? 강원도 역사를 봐야지! 이 층위는 경계 짓기가 아닌 경계 지우기, 곧 차이의 삭제!

그렇다고 내가 국사를 부정하는 것은 아니다. 사람이 사는 무대에 국가 또는 나라라는 차원이 분명히 있기 때문이다. 다만 그것이 여러 차원 중 하나라는 것도 사실이다. 그러므로 하나의 차원으로 다른 차원이 흡수된다거나, 하나의 차원을 위해 다른 차원이 왜곡되는 일은 부당하다는 것이다. 한국사의 경우 비교적 오랫동안 중앙집권 국가를 유지했고, 그에 따라 국사의 망각 기능이나 폭력성이 미국사나 유럽사에 비해 적다고 할 수는 있지만, 그것이 위에서 말한 우려를 상쇄하지는 않는다.

『역사의 창』의 해프닝

이렇게 군림하는 근대 국민국가의 기억인 국사를 균열 내는 방법에는 여러 가지가 있을 것이다. 위에서처럼 두 층위에 대해 실증적으로 비판하는 것뿐만 아니라, 주권국가에 대해 비판적으로 사유하는 것도 도움이 될 것이다. 또 다른 측면에서 나는 국사가 국사를 균열 내는 경험을 한 적이 있다. 하나는 국사를 관장하는 국가기관 사이에서, 다른 하나는 둘 다 국사라고 불리는 역사 사이에서 벌어진 일이었다. 통상 짐작하기 어려운 사태지만, 누구나 마음만 먹으면 아주 가까이에서 확인할 수 있는 흥미로운 경험이다.

첫 번째 경험. 2006년 국가기록원에 근무할 때이다. 국가기록원은 행정자치부(현 안전행정부) 소속 기관으로, 공공기관에서 만들어지는 각종 기록의 생산, 관리, 보존, 활용에 대한 정책과 실무를 총괄하는 곳이다. 그때 국사편찬위원회에서 근무하는 분이 원고 의뢰를 해왔다. 내가 조선시대 실록을 편찬하던 '춘추관'을 주제로 논문을 썼기 때문이다. 그분은 "실록을 편찬하던 춘추관의 후신이 국사편찬위원회 아닙니까? 그래서 이번 국사편찬위원회 소식지 『역사의 창窓』에 춘추관 얘기를 실어볼까 합니다."라고 제안했다.

허어, 이를 어쩐다? 실록을 편찬하던 춘추관의 후신은 국사편찬위원회가 아니라, 당시 내가 근무하던 국가기록원인 것을! 오해가 있는 듯하다고 사양했지만, 춘추관의 후신이 현재 어느 기관인지 따지기보다 우선 내 글이 필요하다고 해서 난감해하면서 수락하고 말았다. 그래서 조선시대 춘추관에 대해 길게 소개하고, 끝에 아주 조심스럽게 춘추관의 후신은 국가기록원에 가깝다는 말을 간단히 덧붙이면서 원고를 마쳤다. 그 원고는 『역사의 창』 2006년 여름 호에 「화강암 같은 전통, 춘추관」이라는 제목으로 실렸다.

알다시피 국사편찬위원회는 1970년대 유신정권 때 '한국적 민주주의의 토착화'의 일환으로 한국사 교육을 강화하면서 생긴 국책기관이다. 굳이 국민국가의 기억을 창조하기 위한 일체의 수식이 필요 없었다. 당시 제정된 국민교육헌장에 쓰인 대로 우리는 민족중흥의 역사적 사명을 띠고 태어났으니까! 조선시대에는 이런 '국사편찬위원회 식의 국사'가 없었다. 그래서 내가 원고 청탁에 당혹했던 것이다.

역사와 기록

두 번째 경험. 어디선가 논문을 발표하면서 실록을 가리켜 국사國史라고 하니까, 듣고 있던 동료 한 분이 실록을 국사라고 할 수 있느냐며 의아해했다. 이 질문은 조선시대에 엄연히 실록을 국사라고 불렀던 사례가 있었기 때문에 무식의 소치라고 치부할 수도 있지만, 그만큼 국사라는 용어가 조선시대 전공자에게는 어색하다는 뜻도 된다. 왜냐하면 조선시대에는 우리가 아는 요즘 '국사'를 편찬한 적이 한 번도 없기 때문이다. 그리고 여기에는 국사라는 용어에 내재된 간극이 있다.

실록은 문서를 날짜별로 모아놓은 것이다. 그러니까 정리된 근대국가의 기억이 아니다. 그래서 흔히 역사학자들에게서 편찬 과정에서 거를 것은 거르고 필요한 것만 남긴 기록이라는 혐의를 받는다. 그러나 원래 모든 기록은 필요한 부분만 남긴 것이다. 필요한 부분만 남기는 일은 기록을 남기는 사람 고유의 몫이다. 그러므로 필요한 것만 남겼다는 점이 실록을 폄훼할 이유는 되지 않는다.

같은 '국사'라는 말을 붙였지만, 실록은 국민국가의 '국사'와 다르다. 동아시아 전통에서 볼 때, '사史'에는 '역사History'뿐만 아니라 '기록Archives'도 포함한다. 실록은 문서의 등록이라는 점에서 '역사'가 아니라 '기록'에 해당한다. 참고로 '아카이브Archives'는 문서 기록이라는 뜻도 있지만, 그 보관 장소나 관청을 가리키기도 한다.

실록을 국사라고 말할 때에는 국가 차원의 권위를 가지고 있다거나, 국가 차원에서 편찬한 기록이라는 의미였다. 실록의 자료가 되는 기록을 생산하는 조직이나 기구로 정부조직만 한 것이 당시에 있지도 않았다. 그 기록을 실록이라는 편찬물로 정리하고 관리하는 데 드는 자원이나 인력을 동원하는 역할도 정부조직이 맡았던 국가 차원의 사업이었다는 점에서 실록을 '국사'로 인식했을 것이다.

유럽의 경우, 근대 '국사'의 형성 과정과 함께 '국립기록관National Archive'을 만들었다. 교구와 가문, 지방의 '기록Archives'이 아닌 국가의 '기록Archives'이다. 이런 점에서 일견 근대국가와 '국립기록관National Archive'은 협조적인 듯하다. 실제로 19세기에 건립되기 시작한 국립기록관은 곧 민족주의적 충동의 반영이라고 볼 수 있기 때문이다. 그러나 춘추관이 조선이라는 국가에 대해 그러했듯이, 국립기록관은 국민국가에 대하여 미묘한 관계를 설정하기도 한다.

첫째, 국립기록관은 근대국가를 안으로부터 비판하는 기능을 한다. 서울시가 2010년 무상급식에 반대하는 광고를 내면서 지출한 홍

보비는 어이없게도 무상급식을 하고도 남을 액수였다. 이러한 사실은 서울시의 예산 '문서'가 시민이나 시의원의 정보공개 청구로 밝혀졌기 때문에 확인할 수 있었다. 이것이 바로 국립기록관의 사명 중 하나인 '정부 활동의 투명성과 책임성 보장'이다.

둘째, 국립기록관은 해당 사회의 기억을 보존한다. 여기에 새로운 가능성이 있다. 국립기록관에서 보존하고 있는 '국사National Archives'는 '국사National History'의 동일성을 해체할 수 있다. 간단히 말하면, 'National Archives'는 '국사 교과서'와는 다른 역사 쓰기를 가능하게 한다는 것이다. '기록'은 국가의 전유물이 아니다. 'National Archives'는 '국사'와 달리 중앙과 지방, 동네, 촌, 동아리, 종교단체 등 다양한 공간에서 펼쳐지는 사람들의 활동을 역사 연구 대상으로 삼을 수 있게 해준다. 국사 교과서와 달리, 1차 사료인 '기록'이 얼마든지 재구성될 수 있도록 국립기록관에서, 각 시도市道 기록관에서 우리를 기다리고 있는 것이다.

예를 들면 이렇다. 나는 『광해군일기』에 있는 자료를 이용하여 기존의 광해군 시대에 대한 교과서의 서술과 다른 견해를 내놓았다. 이때 『광해군일기』는 곧 '아카이브'가 된다. 실록 같은 일기, 문서 정리 형태로 남은 '기록Archives'과 특정 주제에 대한 연구인 '역사History'를 구분지어 전자를 '저장기억', 후자를 '기능기억'으로 보는 견해도 있다.[53] 아스만Aleida Assmann은 저장기억(실록)을 토대로 기능기억(교과서)의 왜곡이나 편협성을 수정할 수 있다고 보았다. 광해군에 대한 왜곡과 오해를 『광해군일기』를 다시 읽음으로써 바로잡듯이.

국사 교육 강화라는 쇼의 배경 한편에는 최소한도의 사실史實 기술조차도 '대한민국 건국의 정통성을 훼손하는 좌파적 역사 인식'이라고 매도하는 '정치역사학'이 개입되어 있다. 그것은 그것대로 정리해 가야 할 것이다. 무엇보다 근대 국민국가의 '국사'를 곧 '대표 역사'로 특권화한 점, 역사를 하나의 분과학문으로 구겨넣은 점을 반성해야 할 시점이기도 하다.

50) 신은희, 「2009개정+2011개정교육과정 문제 ④」, 『오마이뉴스』, 2012년 2월 11일.

51) 우카이 사토시, 신지영 옮김, 「르낭의 망각 또는 '내셔널'과 '히스토리'의 관계」, 『주권의 너머에서』, 그린비, 2010. 에르네스트 르낭의 책은, 신행선 옮김, 『민족이란 무엇인가』(책세상, 2002) 참고. 나는 책제목에서 '민족'은 '국민'으로 수정해야 한다고 생각한다. 국민(nation)은 민족이나 종족으로 규정되는 집단을 대신하여 국가주권 안에 포섭된 대중을 대상으로 한다.

52) 도미야마 이치로, 임성모 옮김, 『전장의 기억』, 이산, 2002.

53) 알라이다 아스만, 변학수 · 채연숙 옮김, 『기억의 공간』, 그린비, 2011.

개그콘서트 저리 가라! – 교학사 역사 교과서의 위엄

작년 12월 3일, KBS 전주방송에서 연락이 왔다. 교육부에서 검정 통과 교과서 저자들에게 내린 수정명령에 대한 토론을 하는데 참여해 달라는 것이었다. 상황을 잠깐 설명해야 할 듯하다.

이 문제는 교학사 한국사 교과서 왜곡으로 시작돼 지금 더욱 논란을 부추기고 있는 사안이다. 국사편찬위원회는 2013년 5월 10일 고등학교 한국사 교과서 1차 검정결과를 발표하였다.[54] 국편은 신청한 9종 교과서 가운데 8종을 합격으로 발표하였는데, 거기에 교학사에서

펴낸 한국사 교과서(이하 교학사 교과서)가 끼어 있었다. 이어 8월 30일 최종적으로 8종이 검정에 합격하였다.

교학사 교과서의 집필자는 모두 6명이었는데, 대표 저자는 뉴라이트 계열 인사들이 중심이 되어 조직한 한국현대사학회 초대 회장 권희영(한국학중앙연구원 교수)이고, 공동 저자 중 한 사람은 이 단체의 2대 회장인 이명희(공주대 역사교육과 교수)였다. 세 사람은 현직 교사이며, 나머지 한 사람은 한국학중앙연구원에서 박사과정을 수료한 것으로 알려졌다. 좋다, 누가 쓰면 어떠랴! 제대로만 쓴다면야 누가 뭐라고 하겠는가?

개그콘서트 워밍업

그런데 1차 검정결과가 발표된 지 넉 달이 지난 2013년 8월 30일에 국편에서 최종 검정결과를 발표하였는데, 이때 국편은 합격한 교과서의 저작자(저자 전원)와 출판사를 공개함과 동시에 검정 과정에서 국편이 수정을 요구한 내역과 이에 대한 저자들의 수용 여부, 검정 신청본 이후 교과서 저자들이 자체 판단으로 수정한 내역을 정리한 도표를 공개하였다. 당초 교육부는 10월 중 학교별로 책 8권 가운데 하나를 채택하여 2014학년도부터 사용할 수 있도록 하겠다는 방침을 밝혔다.

1차 개그콘서트 같은 일은 바로 1차 검정에서 최종 결과까지 넉 달 동안 일어났다. 국편과 교육부는 최종 검정결과 발표 후에도 내내 해당 검정교과서를 공개하지 않았다. 장차 학생들이 다 보게 될 책이고, 학교 교사들이 교과서 8종류를 비교하여 채택 여부를 결정해야 할 판에 이상한 일이 벌어진 것이다. 그럼에도 일부 수구守舊 언론에서는 어떻게 알았는지 교과서 내용을 보도하였다. 그들 외에는 모두 딱 한곳, 국회 야당 의원실에서만 볼 수 있었다. 그것도 지정된 장소를 벗어나지 않고 열람한다는 조건으로.

개그콘서트 1탄

나는 어지간해서 남들이 쓰는 표현은 삼가는 편이다. 그러나 이번에는 써야겠다. '경악했다.' 교학사 한국사 교과서를 보고 '경악했다.' 이 교과서를 심사한 국사편찬위원회(위원장 이태진)의 발표에 따르면, 국편이 이 교과서를 대상으로 '오류니까 수정하라'고 권고한 내용에다가, 저자들이 발견하여 자체 수정한 내용을 합하여 479곳을 수정한 뒤 최종 검정 과정을 통과하였다.

아, 자상하기도 하셔라. 그러니까 국편은 479곳의 오류를 무릅쓰고 이 교과서를 검정에서 통과시켜주시려고 애쓰셨다는 거다. 교과서에 이렇게 자료-사실-서술 오류가 많으면 검정을 통과하지 못한다. 이것이 상식이다.

내가 속한 한국역사연구회 등 한국사 연구 4단체가 검토한 결과에 따르면, 479개를 수정하였다는 이 책에는 여전히 오류가 298개 있고, 작은 오류까지 따지면 역사적 사실이 잘못 기술된 것이 무려 600여 개에 이른다고 한다.[55] 모두 천 군데의 오류! 천千의 교과서!

사실의 정확성을 충분히 검토하지 않은 채, 아예 포털사이트에서 긁어온 시각자료로 책을 만들었다. "사실, 개념, 용어, 이론 등은 객관적이고 정확한가? 각종 자료는 공신력 있는 최근 것으로서 출처를 분명히 제시하였는가?"라는 검정 기준은 애당초 무시한 것이다.

개그콘서트 2탄

교학사 교과서는 표절도 창조적이다. 친일인명사전에 등재된 김성수(식민지 시대 동아일보 사주)를 민족운동가로 둔갑시켰는데, 이는 위키백과사전을 긁어온 결과였다. 요즘은 학생들도 긁어오는 것은 부끄럽게 여긴다. 위키 사전에서는 그의 드러난 친일행적도 분명히 실었다. 그러므로 교학사 필자들은 베끼면서도 구미에 맞는 것만, 필요한 것만 가져온 것이다.

심지어 다른 교과서를 그대로 옮긴 곳도 있다. 그 교과서의 원저자는 나중에 자기 잘못을 알고 고쳤다. 한데 이들은 그런 사실을 모르고 원저자가 실수한 부분을 그대로 옮기는 촌극을 빚었다. 또 있다.

이 책의 공동저자인 교사 세 사람은 교과서 집필 과정에서 권희영, 이명희 두 교수의 전횡에 불만을 품었고, 공동 저자들의 의견과 다른 내용이 너무 많다는 점을 지적하면서 필자 명단에서 자신들의 이름을 빼달라고 요청하였다. 저자가 저자이길 거부한 초유의 한국사 교과서가 된 셈이다. 또 이 책의 공동 저자 중 한 사람은 검정본부에 제출한 저자 약력을 허위로 작성하였음이 확인되기도 하였다. 참으로 다채로운 모습을 보여주는 분들이다.

기타 개그콘서트 소재들

1) 훈민정음 삭제. 교학사 교과서에 훈민정음에 대한 내용이 없다.

2) 헌법 전문에도 들어가 있는 대한민국 임시정부 수립을 연대표에

서 '빠뜨리거나', 애국가조차 틀리게 기술하였다.

3) 이승만의 이름은 교과서에서 모두 82회 등장한다. 그다음으로 가장 많은 김일성, 박정희, 김구 등이 17, 18회 안팎이다. 특히 1940년 대 항일운동을 다룬 곳에서는 임시정부를 이끌던 김구 이름이 한 번 도 등장하지 않은데 비해, 이승만 이름은 무려 32회 등장한다. 아예 "이승만은 당시에 한국인들이 가장 존경하고 신뢰하는 지도자였다. 그는 직접 자신의 목소리로 방송을 함으로써 국민들과 더욱 친밀하게 되었고, 광복 후 국민적 영웅이 될 수 있었다."(교학사 전시본 293쪽)고 왜곡을 서슴지 않았다.

4) 탐구학습 : 교과서의 190쪽에는 명성황후를 시해한 을미사변에 가담하였던 일본인의 회고록을 사료로 인용한 뒤, "당시 일본은 명성 황후를 시해하는 과격한 방법을 선택할 수밖에 없었을까"란 탐구활 동을 제시하였다. 질문 수준 하고는……. 이들은 학생들로부터 무슨 대답을 듣고 싶었을까?

개그콘서트 PD, 교육부

이상 맛만 보여드렸다. 연락주시면 개콘 10회분 소재를 드릴 수 있 다. 이렇게 즐거운 자리에 교육부가 빠질 수 없었다. 교학사 교과서의 역사왜곡과 함량 미달이 알려지자 교육부가 손을 놓고 있을 수 없었 다. 그러나 우리 교육부, 공연히 마피아 소리를 듣는 것이 아니다. 여 기에도 내공이 있다.

우선 '고르게' 오류 시정 명령을 내렸다. 문제는 교학사 교과서가 저질렀는데, 엉뚱하게도 다른 교과서까지 시정하게 함으로써 교육부의 역사교육에 대한 애정을 깊이 느끼게 해주었다. 교육부가 얼마나 고심했는지 사례를 하나 들어보자.

미래엔출판사에서 간행할 한국사 교과서에 몇몇 소주제가 있는데, 그 소주제명 가운데 '책상을 탁치니, 억하고 죽다니!', '피로 얼룩진 5 · 18민주화운동', '궁지에 몰린 전두환 정부'(322~337쪽) 등이 교과서 용어로 부적절하다며 다른 표현으로 바꾸라고 명령했다. '이승만 독재와 4.19혁명'이라는 소제목에서는 '이승만 독재'를 빼라고 명령하였다. 교육부, 참 재미있는 관청이다.[56]

교육부는 수정명령을 합리화하기 위하여 '수정심의위원회'를 만들었다. 이거, 법적 근거 없다! 그런데도 만든다. 왜? 자신들이 수정명령 권한을 가지고 있다고 우기는 것이다. 왜 우길까? 그렇다. 현재의 검정제도를 무력화하고 결국 교육부가 지정하는 '국정교과서' 체제로 가려는 것이다. 그나마 여러 교과서를 놓고 선택할 수 있도록 나아진 한국사 교과서 제도를 군사독재시대로 되돌려 '주입, 세뇌'하려는 것이다.

이미 알고 있었다

아니나 다를까. KBS 전주방송에서 나와 토론했던 권희영 교수는 검정교과서가 모두 좌파라며 국정교과서로 가야 한다고 거품을 물었다. 이분은 북한이 전체주의라서 싫다고 한다. 민중사관에 대해서는 거의 발작적 거부감을 보인다. 도대체 민주주의 사회에서 민중사관을 부정한다는 것이 무엇을 의미하는지 모르는 것일까? 그것은 헌법 가치의 부정이고, 민주주의의 부정이다. 이런 권 교수의 행태가 전형적인 파시스트이다. 나는 전체주의를 주장하고 실현하려는 자들을 파시스트라고 생각하는데, 이분은 다르게 생각하나 보다. 이렇게 자신의 정체성에 혼란이 올 때, 우리는 이를 전문용어로 정신분열이라고 한다. 이 증상 꽤 오래되었다.

역사공부에서 사료가 중요한 이유는 관점이 망상으로 탈출하는 것을 막아주기 때문이다. 또 이게 역사학의 덕목 중 가장 중요한 가치이다. 이분이 내가 4.19혁명기념관에서 열린 토론을 보고 썼던 칼럼을 못 본 모양이다. 역사자료를 많이 보아야 한다. 그래야 실수하지 않는다. 물론 이분은 사료에 관심이 없다. '관점에만' 관심이 있다. 라디오에서 나와 토론하는 내내 민중사관을 증오하는 말만 쏟아놓았다. 민주주의 사회에서 민중사관을 증오하면? 이거 체제 전복을 기도하는 거 아닌가? 체제 전복도 전복이지만, 그렇게 민중사관을 증오하고 사는 그분 마음이 얼마나 지옥인가에 생각이 미치면 더 마음이 측은하다.

54)「한겨레신문」2013년 5월 10일자.

55) 한국역사연구회 등,「교학사교과서검토자료집」, 2013.

56)「한국일보」2013년 11월 30일자.

『전노협 백서』와 조선시대 의궤

김종배란 역사가가 물더라

맘에 드는 친구와 모처럼 만나 음악회를 갔다가 한잔하려고 관악구청 근처로 자리를 옮기던 중이었다. 어디쯤에서 그 얘기가 나왔는지, 왜 그 얘기가 나왔는지도 모르겠다. 이제 잊히지 않을 게 분명한 이름 석 자, 김종배. 친구의 말을 옮겨보자.

대략 83학번 정도. 나중에 확인해보니 맞는 듯하다. 1963년생이니까. 성균관대학교 역사교육과. 전국노동조합협의회(전노협)의 시대가 끝나고 전국민주노동조합총연맹(민주노총)이 조직되던 무렵, 당시 활동을 하고 있던 내 친구에게 김종배가 제안했다고 한다. 전노협 활동 기록을 정리해야겠는데, 같이하자고. 원래 별로 생각이란 걸 할 줄 모르는 친구는 덜컥 그러겠다고 했단다. 그때 김종배는 지금 우리가 이 기록을 남기지 않으면 안 된다고 했단다. 어디서 그런 깊은 안목을 얻었을까?

역사교육과를 다녔다지만, 당시 행적으로 미루어 교실보다는 시위나 노동 현장에서 더 많은 시간을 보낸 듯하니 학과의 영향은 적은 듯하다. 또 당시는 개인이든 단체나 조직이든, 그 역사를 담은 기록을 모으고 관리한다는 개념이 우리 사회에 그렇게 일반적이지 않을 때이다. 몇몇 개인이 보여주는 선각자 스타일의 기록 수집이 있었고, 김종배의 구상이 있던 1995년에서 4년 뒤인 1999년에 '공공기관의 기록물 관리에 관한 법률(공공기록물관리법)'이 생기기는 했지만, 역시 일각의 일이었다. 역사학계는 민중사관이나 사회경제사관을 통해 역사 현실에 대한 비판적 사유를 길러주기도 했지만, 기록을 남기는 일도 역사학의 본분이라는 데에는 눈이 미치지 못하고 있었다.

백서의 탄생, 그러나……

더구나 전노협은 해산하는 단체였다. 아무리 피와 땀으로 빚은 조직이라도 떠날 때 돌아보고 마무리하는 사람은 흔치 않다. 더구나 끝나버리는 조직이라면 손보는 사람이 있을지 모르지만, 이미 민주노총이라는 새로운 조직이 구성되고 있었다. 이러한 시점에서 사람들 마음은 새로운 곳으로 옮겨가는 게 보통이다.

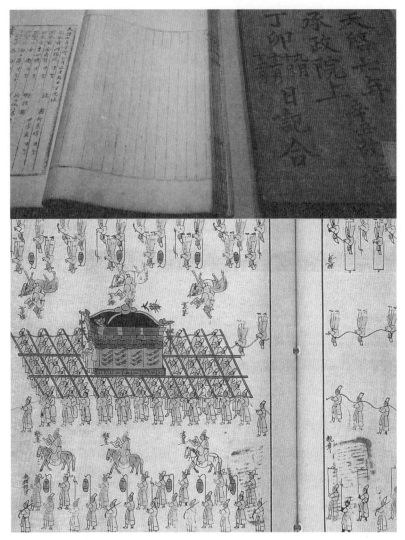

승정원일기 국왕 비서실에서 작성했던 승정원일기. 승정원을 통과하는 모든 문서를 포함하여, 경연이나 상참 같은 회의에서 주고받는 대화도 기록하였다.(위)

의궤 조선시대 나라 차원의 사업이나 행사가 있을 경우, 발의부터 참여한 사람, 과정은 물론 사용한 물품 수량까지 기록으로 남겼다. 일종의 백서였다. 『명성왕후국장도감의궤』 중에서(아래)

이렇듯 여러 가지 이유로 김종배는 내게 이상한 존재로 다가왔다. 정확하게 말하면, 그동안 추호도 의심하지 않았던 역사학자라는 나의 정체성에 대해 묻게 되었다. 데면데면 얘기를 풀어놓았던 친구는 몰랐겠지만, 나는 그때 매우 놀랐다. 흔들렸다. 그리고 이 놀라움과 흔들림이 앞으로 계속될 것이고, 그냥 가라앉지 않을 체험이리라 예감했다.

그렇게 2년 동안 김종배가 기획, 지휘하고 친구도 힘을 보탠 『전노협 백서』가 1997년 완성되었다. 주로 1990년부터 1995년까지 6년간의 기록이었지만, 전노협 창립까지 추가해 1권의 자료를 보탰다. 김종배의 역할은 '전노협 백서발간위원회' 발간팀장이었다. 백서를 만들 때는 1차 사료가 있게 마련이다. 당연히 1차 사료를 정리해서 분류하고, 백서에 들어갈 목차를 짜서 집필을 시작했을 것이다.[57]

백서가 발간되고 난 뒤, 백서를 만드는 데 사용한 1차 사료를 보관하기 위한 대책도 세웠다. 민주노총에 보관하는 것이었다. 단병호 위원장을 비롯하여 민주노총 책임자들은 1차 사료와 백서를 민주노총에서 관리하겠다고 약속했다. 그러나 친구 말에 따르면 백서를 만든 원사료, 1차 사료는 사라졌다고 한다. 몇 평이면 보관할 수 있는 자료였을 것이다. 그리고 김종배의 지휘에 따라 정리되어 있기 때문에 굳이 더 손을 댈 필요도 없었을 것이다. 백서가 주지 못하는 질감과 새로운 관점을 줄 수 있는 자료로 남아 누군가를 기다렸을 것이다. 안타까운 마음에 민주노총에 확인해보았지만 책임 있는 답변을 듣지 못했다. '노동자역사 한내'에 보관 중인 자료가 있지 않을까? 그랬으면 좋겠다.

'한내'는 '전노협 백서발간위원회'가 모태가 되어 생긴 노동자역사 자료실이다.[58] 친구에게 '한내'가 뭐냐고 물었다. 백기완 선생께서 지으셨는데, 뜻은 잘 모른단다. 그래서 내가 심통을 부렸다. 좀 알아듣게 이름을 지으라고. 큰 냇물, 뭐 이런 뜻이 아닐까 싶다.

김종배, 그는 지금 이 세상에 없다. 1999년 8월 27일, 강원도에 강의를 다녀오다가 자동차 전복 사고로 세상을 떴다. 친구 말로는 말도 안 되는 무리한 일정이 원인이었단다. 전국을 돌아다니며 쉬지 않고 강행군했다고 한다. 과로가 사고로 이어졌을 것이다. 그나마 그가 고향 강원도에서 생애를 마감했다는 사실에 위안을 삼아본다. 김종배의 묘역은 경기도 마석磨石 모란공원에 있다.

실록의 영역(英譯)

이런 백서를 옛사람들은 '실록'이라고 했다. 더 정확히 말하면 '의궤儀軌'에 해당한다. 중요한 행사 과정을 동원된 사람부터 못 하나 물품까지 적어둔 기록이다. 나라는 망해도 역사는 망하는 법이 없다는 생각을 하는 사람들이 곳곳에 그 흔적을 남겼다. 『조선왕조실록』이나 각종 의궤는 그중에서 우리에게 알려진 대표적 기록이다. 왕조 시대에, 그러니까 왕조 '이후'를 말하는 모든 곳에 반역의 딱지가 붙는 세상에서 유일하게 왕조 이후를 말할 수 있는 것은 역사였고 실록이었다. 누구나 실록은 '후대 사람들', 즉 '조선 이씨 왕조가 망한 뒤에 사는 사람들'을 위해 남기는 것이라고 말했으니까. 이렇게 문명의 깊이를 더하는 방법을 아는 사람들이 하는 일은 남다른 데가 있다. 『전노협 백서』나 『조선왕조실록』이 모두 그런 경우에 해당한다.

3부 _ 국사(國史)를 넘어서

어딘가에서 『조선왕조실록』을 영어로 번역하는 일을 추진한다는 소리가 들린다. "어느 나라 역사 기록보다 풍부한 내용을 담고 있는 실록을 통해 외국인들은 한국이 얼마나 유구한 문화민족인지 알게 될 것입니다. 특히 자연재해 등 기상 기록은 글로벌한 자료이기 때문에 외국 학자들도 충분히 흥미를 가질 것입니다. 실록 영역은 또 대중문화에서 시작된 한류韓流를 인문학 차원에서 업그레이드하는 계기가 될 것입니다." 실록의 영역英譯을 담당하는 국사편찬위원회 위원장의 인터뷰 기사 중 일부이다.

실록의 영역에는 해외 한국학 연구자와 그 제자들을 대거 참여시킬 계획이라고 한다. 과연 실록을 영어로 옮겨야 남들이 우리가 유구한 문화민족이라는 사실을 알게 될지, 외국 학자들이 관심을 가지지 않으면 좋은 사료가 아닌지, 영역을 하면 한류가 인문학 차원으로 업그레이드되는지는 잘 모르겠다. 내가 아는 것만 얘기하자.

우선, 내가 보기에는 영역英譯할 사람이 없다. 『조선왕조실록』을 20년 걸려 한글로 번역한 책 수가 413책이다. 내가 과문해서 그런지 모르겠으나, 제대로 영역할 수 있는 학자는 몇 되지 않는다. 2009년 미국 UCLA에서 존 던컨John B. Duncan 교수가 주도한 번역 프로젝트는 내 논문을 포함하여 여섯 편을 묶어 책으로 내는 일이었는데, 이도 녹록지 않았다. [59]

이런 일을 할 때는 순서가 있다. 먼저 역사 용어를 정리해야 한다. 그런데 지금 제대로 된 용어사전 하나 없다. 컬럼비아대학교에서 나온 『한국문명 자료집Source book of Korean Civilization』P. H. Lee edit.이 가장 나은 편이고, 국내에서는 한국학중앙연구원에서 제공하는 것이

전부이다.[60] 그래서 영문 초록抄錄이라도 달라치면 사람마다 제멋대로이다. 수만 종에 이르는 역사 용어부터 정리해야 한다.

둘째, 한국고전번역원에서『조선왕조실록』재번역에 착수했다. 번역 이론에 따르면, 사람들의 언어 사용이 달라져서 30년마다 재번역을 하지 않으면 번역서의 활용 가치가 없다고 한다. 최근 학계는 물론 일반 독자들도 실록을 접할 기회가 많은데, 재번역으로 중론이 모아졌다. 현재 진행되고 있는『조선왕조실록』재번역은 이미 30~50년이 지나 현대 언어에 맞지 않는 어투를 고치는 것은 물론 표점標點과 교감校勘, 연구를 반영하는 큰 사업이다. 실록을 영어로 옮긴다면 이 재번역본으로 시작해야 한다.[61]

셋째, 실록에 대해 세간에서 오해하는데, 실록은 우리가 생각하는 어떤 사건이나 인물에 대한 이야기가 아니라 연대기 식의 문서 모음이다. 이것을 영역한다는 것은 청와대에서 생산되는 문서를 주제 불문하고 모두 영어로 옮기는 것과 흡사하다. 못할 짓이라는 뜻이다.

마지막으로, 정말 내가 심사가 못돼먹어서일 거라고 생각하고 싶지만, 실록 영역이란 말을 듣는 순간 내 머리를 스친 것은 '이건 도대체 무슨 콤플렉스일까?'라는 의문이었다. 배려와 공유가 학문의 미덕일 수 있다. 그러나 그것은 상호 필요에 따른 배려와 공유여야 한다. 중국에서 그 많은 한적漢籍을 일일이 번역해주지 않아도 연구할 학자들은 다 연구하고, 영화 만들 사람들은 다 영화로 만든다. 필요한 사람들이 필요한 언어로 번역해서 쓰는 것이다. 중국에서 언제 명나라 실록이나 청나라 실록을 영어로 옮긴다는 말을 하던가! 해도 되고 안 해도 될 때는 안 하는 게 낫다.

실록 영역은 요즘도 정부 예산 수립에 맞추어 추진 중이다. 당시 국편 위원장은 유명한 분이고 내가 배운 분이기도 하니, 뭔가 심모원려深謀遠慮에서 하신 일이리라 믿고 있지만, 앞의 김종배란 분의 실천과 자꾸 겹치면서 여러 가지를 생각하게 한다.

명색이 국사편찬위원회니까, 『조선왕조실록』을 영역하는 웅대한 꿈도 좋지만 이 시대 『조선왕조실록』에 해당하는 기록이 무엇인지 고민하는 것도 보람되지 않을까. 그래도 명색이 '국사國史'인데 적어도 『조선왕조실록』 수준의 내용을 채우려면 『전노협 백서』, 아니 『전노협 백서』에 미처 담기지 못한 채 남아 있는 자료를 정리하고 소개하는 데까지 손길이 미쳐야 하지 않을까? 이참에 국사편찬위원회와 '노동자역사 한내'가 상호 협력을 위한 양해각서MOU라도 체결하면 어떨까? 그러면 국사가 훨씬 풍요로워지지 않을까? 국격國格은 이렇게 높이는 것이라고 나는 믿는다.

---

57) 전노협 백서 홈페이지(http://wbook.liso.net)에 들어가면 그간의 진행 상황은 물론, 백서도 인터넷으로 볼 수 있다.

58) http://www.hannae.org.

59) *The Institutional Basis of the Civil Governance in the Choson Dynasty*, 2009, Seoul Selection.

60) http://glossary.aks.ac.kr/

61) 한국고전번역원, 「조선왕조실록 번역 현대화사업 추진위원회 제1차 회의」, 2011.

국민국가사조차 쪼개는 사람들

투기하는 대학

몇몇 대학교가 퇴출되었다는 소식이 들려온다. 재정지원 제한 대상이 된 대학도 위기감이 크다. 사람들은 해당 대학의 실정을 접하고 퇴출당하거나 지원 제한을 당해도 싸다고 생각하고 있다. 그런데 주무 부처인 교과부에 대한 시선도 곱지만은 않은 듯하다. 예술대학에서 취업률 산정에 문제가 있다고 지적했듯이 대학 평가 기준의 타당성에 의문도 크고, 이른바 대학 운영에 대한 '감독' 기관으로서 교과부는 책임을 피할 수 없다고 보기 때문이다.

특히 감사원 감사에서 드러났듯이 각 대학교는 등록금을 올리기 위해 짓지도 않는 건물 건축비 등을 포함시켰다. 감사원 발표에 따르면 그 규모가 무려 6,552억 원에 달한다.[62] 대학들이 회계 조작으로 부풀린 등록금 비율이 12.7%이고, 사립대 평균 등록금을 감안하면 매년 등록금을 100만 원 정도 더 걷었다. 이른바 각 총장들이 모인 '한국대학교육협의회'란 데서는 감사원 발표가 대학 자율성을 침해한다며 대들었다. 부끄러움의 다른 표현이라고 믿겠다.

그러나 대학가에는 다른 괴담들이 더 있다. 이른바 주요 대학들, 쌓아놓은 기금이 수천 억대에 이른다. 괴담이란 바로 그 기금을 중국, 미국, 남미 펀드인지 뭔지에 투자(투기?)했다가 상당 부분 날렸다는 것이다. 하긴, 정확한 액수를 모르니 얼마나 날린 줄도 모를 일이다. 더 큰 문제는 이런 괴담이 돈다는 것 자체, 나아가 전체 기금이 얼마인지도 모른다는 폐쇄성에 있다고 생각한다.

내가 어떤 대학 당국자에게 조언한 적이 있다. 2005년경 그 대학 기금은 7,000억 원이 넘었다고 한다. 그래서 일러주었다. "잘 생각해봐라. 고생해서 말도 안 되는 지표 올려 세계 50대, 100대 대학에 끼려고 애쓰지 마라. 학생 1인당 1년 등록금이 700만 원이라 치면, 지금 챙긴 기금은 10년 이상 전교생에게 등록금을 받지 않아도 충분한 액수이다. 그러니 10년만 전교생을 장학생으로 뽑아봐라. 이렇게 치고 나가면 10년 뒤에 자동으로 최고 대학 된다. 졸업생들 애교심도 끝내줄 테니, 그때 다시 돈을 걷어라. 그러면 단언컨대 지금 기금의 몇 배가 걷힌다. 어떠냐, 끝내주는 장사 아니냐! 그 자금 가지고 또 전교생 무상

교육하고, 또 좋은 학교 되고, 그러면 그때 기금 또 걷고……."

장사도 제대로 못하면서 장사를 하려니, 장사하는 데가 아닌데 장사를 하니까, 제대로 될 리가 없다. 학교는 교육을 해야 한다. 장사가 아니라. 정명正名이 중요한 이유이다. 감사원 발표에 항의하고 싶은 대학도 있을 것이다. 그러나 지금은 반성할 때이다.

다채로운 역사를 회복해야

대학도 대학이지만, 곳곳에서 학과 단위의 퇴출이 나타나고 있다. 여러 학과가 해당하지만 그중 심한 곳이 인문대학에 속하는 학과들이다. 역사학과나 철학과가 피해갈 리 만무하다. 이미 지방 여러 대학에서 역사학과는 관광 관련 학과 쪽으로 통합되든지, 무슨 콘텐츠 학과 식으로 시대와 호흡하며, 아니 시류에 영합하며 생존하고 있다. 그러면서 '인문학의 위기'라고 한다. 아니다. 인문학의 위기가 아니라 대학 강단의 역사학과, 철학과 교수들의 위기이다.

역사학도의 입장에서 볼 때, 현재 역사학과의 위기는 예견되어 있었다. 근원적으로 보면 현대 문명의 오만이기는 하지만, 역사학 역시 '진보사관'과 '근대주의'의 오만 속에서 협애해졌다. '고대–중세–근대'라고 부르는 순간 작동하기 시작하는 진보사관과 근대주의는 사실 역사학의 무덤을 파는 일이었다. 사실과 가치 두 측면 모두 현재의 삶이 지고至高의 것으로 받아들여질 때, 누가 지난 경험을 진지하게 현실로 끌어오겠는가? 과거 또는 경험은 기껏해야 호고好古 취미일 뿐이다. 마치 지금 사극史劇이나 유사 역사평론이 역사학을 대신하듯이 말이다.

그런데 거기에 그치지 않는다. 역사학이 비실거릴 수밖에 없는 이유는 또 있다. 현재 대학의 역사교육은 국민국가사國民國家史로 한정되어 있다. 전국 모든 대학의 역사학과(국사학과)는 고대사, 고려사, 조선사, 식민지 및 현대사로 되어 있다. 그렇다. 국사國史이다. 서양사와 동양사 역시 국민국가사 또는 국민국가사를 모아놓은 지역사(예를 들면 유럽사, 남미사)를 교육과정으로 하고 있다. 대학이 위치한 지역이나 규모의 차이, 이런 것은 전혀 반영되지 않는다. 스테레오 타입의 교과가 국민국가답게 전국적으로 운영되고 있다. 당연히 해당 전공 교수가 퇴임하면 그 자리에는 그 전공만 뽑는다. '자리'니까. 이렇게 해서 이 국사 교육 체제는 온존, 강화된다.

익히 알다시피 19세기 유럽 국민국가의 완성에 충실히 시녀 노릇을 했던 역사는 국민국가의 탄생과 유지에 기여했지만, 한편으로는 국민국가의 정체성에 방해가 되는 기억은 지워버렸다. 예를 들어, 탐라나 바르셀로나에 대한 기억은 대한민국이나 스페인이라는 국민국가의 정체성에 별 도움이 되지 않으므로 빨리 지워버리고, 국사가 보여주는 기억으로 대체해야 하는 것이다. 그럼에도 우스운 것은, 국사 중에서도 현대사는 가능한 한 지워버리려는 것이 국사였다. 가깝게는 나 역시 대학에 와서야 현대사를 배웠다. 폴 벤느Paul Veyne는 아예 역사학은 현대사를 사회학과 인류학에 넘겨주었다고 개탄했다.[63]

사람은 여러 차원의 역사를 만들며 살아간다. 가족은 누구나 피할 수 없고, 학교에 다니면 학교의 역사를 구성한다. 종교 생활을 하는 사람은 교회나 절의 역사를 만들고, 자연스럽게 자기 고장의 역사를 만들기도 한다. 그러나 국사는 가족사에 봉건적이라는 굴레를 씌워 봉

쇄한다. 족보는 여러 역사의 일부이지 타도 대상이 아니다. 그 외에 학교나 사회단체, 지역 등 사람들이 곳곳에서 만들어가는 역사는 학교에서 배우는 '역사교육'의 대상에서 빠져 있다. 간혹 뜻있는 역사 선생님을 만나 동아리 활동으로나마 접하는 행운을 기다려야 한다.

삶은 일곱 색깔 무지개로 구성되어 있는데 굳이 빨간색이나 파란색으로 물들이려고 하면 받아들여지겠는가. 수능 시험, 공무원 시험 때문에 어쩔 수 없이 할 뿐이다. 그나마 공무원 시험도, 경상도나 충청도 공무원을 뽑는데 국사를 시험 보는 것은 타당성이 없다. 그 지역 공무원으로 근무해야 하니 경상도사史나 충청도사를 보게 해야 하는 것 아닌가?

20세기 '근대' 역사교육이 들어선 이래 지금까지, 역사학은 근대주의에 입각한 진보사관을 통해 역사학의 바탕인 과거의 경험을 부정했고, 국민국가사로 자신의 정체성을 제한하면서 역사학의 문채文彩를 지웠다. 게다가 역사학이 해줄 수 있는 풍부한 일, 즉 자료 발굴과 정리, 번역, 해설의 책무는 한갓 허드렛일로 버려두고 줄곧 국사 논문만 요구했다. 재미없는 논문들은 또 얼마나 많은가. 시간의 문제일 뿐, 현재의 역사학을 반성하지 않으면 역사학과는 차례차례 망할 것이다. 왜 망하는지도 모른 채.

시장 중심의 민주주의(?)

여기에 위험 요소가 하나 더 늘었다. 뉴라이트와 인적 구성이나 지향이 상당히 겹치는 '한국현대사학회'라는 곳이 중심이 되어 역사 교과서의 개정을 추진해왔는데, 이게 또 목불인견目不忍見이다. 이 일은 학회의 건의에 따라서 당시 역사교육과정 개발추진위원회(위원장 이배용), 국사편찬위원회(위원장 이태진), 교과부(장관 이주호)가 주체가 된 개정 작업이었다. 발단은 교과부가 2011년 8월 9일 '2009년 개정 교육과정에 따른 사회과 교육과정'을 고시했는데, 당초 교육과정심의회를 통과한 초·중·고 역사교육과정안(한국사 부분)의 원안이 바뀐 것이다. '민주주의'의 개념이 모두 '자유민주주의'로 바뀐 것도 그중 하나이다.

바뀐 과정부터 이상하다. 당초 교육과정안 원안은 전문 역사학자들의 자문을 받고, 시민들도 참여한 공청회와 역사교육과정 개발추진위원회라는 교과부 자체의 검토까지 거쳤다. 그러나 '자유민주주의' 개념에 대해서는 논의된 바가 없었다. 불쑥 들어간 것이다. 대개 그렇듯이, 이렇게 슬쩍 또는 불쑥 들이밀 때는 사심이 있는 경우가 많다.

굳이 민주주의를 '자유민주주의liberal-democracy'로 표기하려는 이유는 사실 간단하다. 민주주의를 시장경제 중심의 자유주의 배경 안에서만 이해하려는 것이다. 거기에는 평등한 시민권에 방점을 둔 민주주의와, 소유권의 자유와 시장 우위에 기반을 둔 자유주의의 대립과 조정의 역사가 배어 있다. 자유민주주의 개념은 당연히 복지, 사회정의 등을 생각하는 '사회민주주의social-democracy'와 다르다. 전자를 채택하면 후자는 역사교육에서 배제되는 것이다.

현행 헌법에 나오는 '자유와 민주주의 기본 질서'는 'the basic free and democratic order'로 번역되기 때문에, 이번 교육과정에 집어넣으려는 자유민주주의와 애당초 기원과 맥락이 다르다. 이런 논의가 오고가는 와중에 논리가 궁색해지자, 자유민주주의론자들은 자유민주주의는 사회민주주의를 포함하는 개념이라는 논리를 들고 나왔다. 그럴 거면 그냥 민주주의라고 하면 되지, 왜 굳이 자유민주주의라 쓰고 거기에는 사회민주주의 개념도 포함되어 있다고 설명까지 해야 하나? 지리멸렬.

원래 자유민주주의는 특정 정당의 정강政綱으로 사용되기 시작했다. 1961년 12월 7일 기자회견에서 박정희 정부가 '자유민주주의를 신봉한다'고 선언하고, 1963년 2월 26일 제정된 공화당 강령 제1조에서 '민족적 주체성을 확립하며, 자유민주주의적 정치체제의 확립을 기한다'고 하였다. 1950년대 양대 정당인 자유당과 민주당의 정강 제1조는 '진정한 민주주의 정치체제의 확립'(자유당), '일체의 독재주의를 배격하고 민주주의의 발전을 기한다'(민주당)로만 되어 있었다. 특정 정당이 '자유민주주의 체제'를 정강으로 채택하는 것은 있을 수 있다. 그러나 역사를 배우는 학생들에게 특정 정당의 정강 용어를 한국 현대사의 기조로 가르칠 수는 없는 일 아닌가?

역사를 부정하는 역사학자

이렇게 해서 국민국가역사로 편협해진 역사학으로도 부족해서, 이제는 국민국가사의 일부만으로 역사를 가르치겠다는 사람들이 생겼다. 보편적 공감이 아닌 특수한 배제로 작동하는 양상, 공익이 아닌 사익이 우선하는 양상, 『서경書經』의 표현대로 하면 도심道心이 아닌 인심人心으로 작동하는 양상이 요즘 정부 정책의 기조라는 것은 누구나 알고 있던 바이지만, 역사교육까지도 이렇게 세심하게 관리할 줄은 몰랐다. 정말 디테일이 살아 있다!

이런 상황에서 한국역사연구회, 한국사연구회 등 11개 연구단체가 개정 반대 의사를 표명했다. 학계 대표들을 면담한 자리에서 당시 이주호 교과부 장관은 검토하겠다고 말했다. 그런데 김관복 학교지원국장이 "교과부는 합법적인 절차를 밟았다. 장관이 다시 한 번 검토하겠다는 뜻이었을 뿐"이라고 말했다. 합법적이라……. 그랬겠지, 공무원들이 어려웠으려고. 그래서 고전이 중요하다. 『논어』「위정爲政」에도 나오듯이 "사람들을 법으로만 다스리면, 요행히 법망을 빠져나가려고 하고 부끄러움을 모른다.[道之以政, 齊之以刑, 民免而無恥]"

2011년 10월 28일, 서울 서대문 4·19혁명기념도서관 강당에서 '보수와 진보가 보는 민주주의 – 한국의 자유민주주의 이론, 헌법, 역사'라는 토론회가 열렸다. 이번 역사교과 개정 논란의 원인이 된 '자유민주주의' 개념을 토론하는 자리였다. 발제를 맡은 연세대 박명림 교수의 발표에는 "임시정부 이래 이승만 정부까지 어떤 헌법, 연설, 인터뷰에도 자유민주주의라는 개념은 없다."라는 내용이 구체적 사료와 함께 제시되어 있었다. 발표문에서 시종일관 '자유민주주의'라는 용어를 의도적으로 썼던 성신여대 김용직 교수는 '자유민주주의'에 대한 단 하나의 1차 사료도 제시하지 못하고 모두 남의 연구서에서 차용했다. 일단 현재까지 역사학자인 내가 볼 때, 임시정부부터 이승만 정부까지 자유민주주의가 대한민국의 기본 방향이라는 것을 보여준 사료는 없다.

목격담을 추가하는 이유는 박명림 교수에 대한 토론 패널을 맡았던 한국학중앙연구원 권희영 교수의 발언 때문이었다. 그는 "역사학에서 사료가 말을 하는 것이 아니다. 역사는 해석이다. 이는 역사학의 기본이다. 그런데 박 교수는 사료에 나오지 않는다고 해서 자유민주주의가 없었다고 말하고 있다."라는 요지의 발언을 했다. 그랬더니 박수를 치는 사람도 있었다!

그의 말대로 "역사학에서 사료가 말을 하는 것이 아니다. 역사는 해석이다."라고 주장할 수도 있다. 그러나 "역사학은 사료가 없이는 말을 할 수가 없다." 이것이 역사학의 기본이다. 알고 보니 그분이 현대사 전공인 역사학자시란다. 한국현대사학회 회장이시기도 한지라 그날 토론회에서 인사말을 했는데, 한국현대사학회는 학술단체이지 운동단체가 아니라고 하셨다. 학술이 운동보다 뭐 그리 대단한지는 모르겠으나, 그 학술이라도 제대로 하셨으면 좋겠다.

그로부터 2년 뒤인 오늘날 이분은 공주대 이명희 교수라는 분과 함께 교학사 역사 교과서를 집필하여 국사편찬위원회 검정을 통과했다. 중대한 오류만 최소 298건을 남긴 교과서, 그래서 진즉 학술이라도 제대로 하라고 충언했건만.

62) 「한국대학신문」 2011년 11월 4일.

63) 폴 벤느, 김현경 · 이상길 옮김, 『역사를 어떻게 쓰는가』, 새물결, 2004.

기록학이 역사학을 구제하다

실록에 눈이 가는 진짜 이유

조선시대 실록은 비교적 널리 알려진 자료인데 많은 사람이 실록을 그냥 역사책이라고 알고 있다. 맞다. 전통적인 의미에서 사史이다. 그런데 이 책에서 누차 강조한 바 있듯이, '사'에는 근대적 의미의 '역사History'뿐만 아니라 '기록Archives'도 포함된다. 실록은 기록 모음, 문서 모음이다. 사관들이 후대에 남길 만하다고 생각하여 보존한 문서를 날짜순으로 모아놓은 것이다.[64] 그래서 실록을 당시에 국사國史라고 불렀어도 요즘 말하는 국사와는 다른 것이다. '국사National Archives'지만 국사National History, 즉 구성된 국민국가사가 아니었다. 나는 실록이라는 문화유산의 힘은 '세계에서 유일하게 500년을 기록으로 남긴 찬란함'보다, 이 국사를 넘어설 가능성에 있다고 본다.

실록이라는 국사National Archives는 국가 관료제를 통해 생산되지만, 국민국가사와는 다른 역사 쓰기를 가능케 한다. 중앙집권적 관료 체제에서 생산된 문서이지만, 사관이라는 탈관료제적 존재가 관찰하여 기록을 보완하면서 국가의 활동 영역을 넘어선 기록화 Documentation가 이루어진다. 왕조 시대에 왕조 이후의 시대를 입에 올릴 수 있는 유일한 방법은 반역을 빼곤 '역사'라는 이름, 오직 하나였다. 실록은 유일하게 공공연히 후대, 즉 왕조 이후를 말할 수 있는 반역적 텍스트이다. 실록을 편찬하는 사람들 자신의 입으로, 실록은 후세를 위한 것이라고 말했으니까. 실제로 실록은 당대 왕조 사람들에게는 공개되지 않는 기록이었다. 참고 사항을 확인할 때 열람할 자격이 있는 몇몇 사관을 제외하고는 아예 실록에 접근할 수 없었다. 그러니까 실록은 자기를 만들어내는 토양과 조건을 부정하는 성격을 띠고 있었다.

좀 더 논의를 확장하면, 근대 역사학의 개별 학문분과 성립이라는 관점에서 전통적 사史의 미분화를 논할 것이 아니다. 전통적 사를 미숙한 단계의 역사학으로 논하는 것 자체가 오류의 출발이다. 전통적인 사는 그 시대에 맞는 기능이 있었다. 오히려 근대 국민국가의 국사라는 틀을 벗어나기 위한 지평의 확대로, 국민국가와 밀착하면서 협애해진 근대 역사학의 영역과 역할을 반성하기 위해서 전통적인 '사'

의 범주에 주목할 필요가 도래한 것 아닐까. 내가 보기에 적극적으로 검토할 때가 되었다. 실록 편찬의 전통이 그렇게 말하고 있다.

상도 없는 장사꾼들

근대 역사학의 본질과 위기는 앞에서 어느 정도 정리했기에 또 말할 필요는 없다. 핵심은 나의 삶을 국민국가역사로 담을 수 없다는 점이다. 전주대학교 뒷산인 천잠산을 산책하며 사색하는 나의 하루, 연구소나 학과 동료들과 나누는 강독과 번역, 학생들과의 치고받음, 전주 시민들과의 교감, 강연에서 만나는 초등학생이나 중·고등학생, 언론의 집필로 만나는 독자들, 니체와 마르크스·하이데거 등을 같이 읽는 연구공동체 '수유너머'의 세미나 등 역동하는 내 삶은 국민국가사에 담지 못한다. 국사란 시험을 볼 때나 애국주의를 논쟁할 때 빼고는 거의 내 인생과 상관없다. 많은 사람이 나와 비슷하다. 그러나 현재 역사학과는 국민국가사로 짜여 있다. 역사 과목이 재미없는 이유이다. 국민국가사를 먹기 좋게 시대순으로, 전공별로 나누어놓았다. 그래야 싸우지 않고 안전하게 밥그릇을 지킬 수 있기 때문이다. 국민국가사가 의심받거나 무너지면, 현재 역사학과 체제도 무너진다.

한국 모든 대학교의 역사학과(한국사학과, 국사학과)는 커리큘럼이 같다. 이는 곧 교육 내용이 같다는 말이다. 당연히 교수진의 구성도 같다. 그런데 요즘 학생들도 오지 않고 취직도 안 되니까 역사학과는 불이 난 양상이다. 학생들 모으러 다니고, 학과 이름도 인터넷 낚시글처럼 요렇게 조렇게 바꾸어 현혹한다. 고교 방문이다, 무슨 문화 프로그램이다 하며 요란하게 치장도 한다.

딱한 것이 또 있다. 기록학, 스토리텔링, 영상역사 등의 새로운 역사 영역이 주목받으니까 현재의 국민국가사 교육과정에 더덕더덕 덧붙인다. 한번 교수는 영원히 교수니, 교수 충원은 불가능하다. 대학 본부에서 장사 안 되는 역사학과에 교수 정원을 더 줄 리도 없으며, 같은 역사학과 교수들도 기존 국민국가사 체제를 바꾸면서까지 새로운 커리큘럼을 넣으려는 의지도 없다. 비전이 없기 때문에 불가능하다. 인기 있으니까 하고, 안 하면 불안하니까 과목을 신설한다. 그리고 비정규직 강사에게 맡긴다.

결국 대학이 장사꾼은 되었는데, 정작 장사꾼 자질은 없는 것이다. 물건이 팔리지 않으면 장사꾼은 당연히 자기 물건에 뭐가 문제가 있는지 생각한다. 이게 도리이다. 그러나 대학에서는 자신들이 팔려는 상품을 돌아보지 않는다. 아니, 돌아볼 능력이 없다. 가게가 안 될 때는 상품에 문제가 없는지 그 질을 돌아보는 최소한의 상도商道도 갖추지 못했을 만큼 한국 강단 역사학계의 무기력은 극에 달해 있다. 왜 망하는지를 모르면서 망하는 것이다. 이것이 내가 역사학과의 필망必亡을 예견하는 이유이다. 왜 망하는지 알면 소생할 기회가 있지만, 왜 망하는지 모르면 망하는 것은 필연지세이다. 안 되는 이유도 모르면서 아무리 학생들 모으러 돌아다녀봐야 맛없는 음식점 캠페인이다. 오래 못 간다. 사람들은 바보가 아니다.

구원의 가능성

나는 역사학과가 구원받을지 별 관심이 없다. 문제를 풀 실력도, 강단도 없으면 문제에 치이는 것이다. 다만 역사학과가 아닌 역사학, 또는 역사공부는 탄력을 받을 희망을 발견했기에 몇 자 적어둔다.

　· 기록과 관련된 국제학술회의가 있었다.[65] 내가 토론자로 지정된 학술발표는 별로 재미가 없었다. 발표자가 잘 모르고 발표했기 때문에 어디서 손을 대야 할지 난감했다. 종종 이런 난감한 논문이나 발표에 대한 논평을 요청하는 일이 있는데, 뭔가 음모가 있나 싶을 정도이다. 더 나쁜 건 이런 발표는 대개 길다.

　숨통은 테리 쿡Terry Cook이라는 캐나다 브리티시컬럼비아대학교 기록학 교수에게서 뚫렸다. 원래 캐나다 국립기록관 직원이었다가 대학으로 옮긴 분인데, 특히 기록학 이론 중 평가론Appraisal, 즉 어떤 기록을 남길 것인가 하는 이론 쪽으로 밝다. 내가 편역한 책에도 이분의 논문이 하나 들어가 있다.[66] 이분의 최근 글을 보지 못했는데, 프랭크 업워드Frank Upward, 앤 길리랜드Anne J. Gilliland 등과 여러 고민을 나누었나 보다.

　원래 쿡은 개별 기록이 아닌 조직의 기능, 사회의 기능을 중심으로 기록을 평가하여 남기자는 거시 평가Macro Appraisal 이론을 주장해왔다. 기록을 관리, 보존하는 사람을 '아키비스트Archivist'라고 하는데 (도서관의 사서나 박물관의 큐레이터를 떠올리면 된다.), 말하자면 그의 이론은 전문가로서의 아키비스트보다 아키비스트의 사회적 책임을 강조하는 방향으로 이동한 셈이다.

　당연히 토론에서 구조기능주의의 한계를 지적하는 비판도 나왔다. 변화 논리와 인간이 부재하는 이론적 배경도 지적했고, 다시 거시적 역사학으로 회귀하는 것 아니냐는 문제제기도 한남대 곽건홍 교수에게서 나왔다. 곽 교수는 또 하워드 진이 지적했듯이 국립기록관은 소수자 기록을 배제한다는, 그리고 어쩔 수 없이 정부 기록 중심으로 평가한다는 한계를 지적하면서, 기록관 역시 국립기록관 중심의 사고를 벗어나야 한다고 강조했다.

쿡은 곽 교수의 문제제기에 흔쾌히 동의하면서, 자신이 하워드 진의 팬이라고 소개했다. 또 자신의 문제의식은 기록의 현장성現場性이라고 확인해주었다. 통역자는 현지성現地性이라고 했는데 현지성도 맞다고 생각한다. 여기서 말하는 현장은 국사의 무대인 국가가 아니다. 기록 역시 국립기록관으로 빨려 들어가지 않고 그 자체로 존재 근거를 갖는 방식으로 관리, 보존, 활용되어야 한다는 뜻이다. 도나 시군 또는 학교나 동네에서.

홉스봄의 말처럼 정당한 당파성의 결과 역사학이 다루는 분야가 노동, 여성, 아동, 이주민, 지방민 등 소수자(대개 다수이면서 소수자인!)의 삶으로 확대되었듯이[67] 기록학이 발을 디딜 토대도 각종 사회단체, 종교단체, 학교, 지방 등 현장의 기록관이 되어야 한다는 상식적인 주장으로 돌아가는 것이다.

왜 기울어가는지도 모르면서 몰락하는 역사학과들이 한편에 있고, 그 옆에 쿡이나 내가 예상하는 기록관들이 있다면 어떤 일이 벌어질까? 앞서도 소개했던 '노동자역사 한내' 같은 기록관이 많이 생긴다면, 대학의 역사학과는 무엇을 할 수 있을까? 거의 할 일이 없을 것이다. '수유너머' 같은 공동체나 교회, 사찰, 가문, 시민단체, 기업, 전주 같은 도시, 동네, 전주대 같은 학교 등등에서 기록관이 생긴다면(이미 생기고 있다!) 우리는 그 기록관의 기록으로 역사를 쓰리라. 그러면 그 역사가 국사일까, 아닐까? 바보 같은 질문이다. 단언컨대 이제 국사의 시대는 갔다. 무수한 역사만 남을 것이다. 붕괴는 이미 진행 중이며, 미래는 이미 와 있다.

　작은 사건 하나. 학술대회장에서 반가운 분, 이영남 선생을 만났다. 『푸코에게 역사의 문법을 배우다』의 저자이고, 나와는 국가기록원 입사동기이자 같은 부서에서 근무하던 동료. "저, 국가기록원 그만두었습니다. 풀무학교 중심으로 공부하려고요." 이상하지 않았다. 국가기록원으로서는 인재를 잃은 것이겠지만, 그의 선택은 일관되었고 무엇보다 지혜로웠다. "임상역사학 계속하려고요." 임상역사학? 강호의 역사학, 현장 역사학이다. 누구나 자신의 역사가 있음을 발견하고, 자신의 역사를 써가면서 역사를 배운다. 그의 국가기록원 탈주가 그날 학술대회와 잘 어울린다는 느낌이 들었다. 나는 그날 내내 약간 흥분했다. 쿡, 업워드와 세미나를 만들어보자는 한국 기록학계의 보루 이상민 선생의 말에 동의하면서 곽건홍 교수와 이영남 선생에게 말했다. "기록학이 역사학을 구제할 것 같은데!"

64) 이 책 3부의 '『전노협 백서』와 조선시대 의궤' 참조.

65) 2012년 6월 12일, 「사회 거버넌스와 역사연구를 위한 기록관리의 역할과 기록학의 패러
다임 변화」, 한국외국어대학교 애경홀.

66) 오항녕 편역, 『기록학의 평가론』, 진리탐구, 2005.

67) 에릭 홉스봄, 강성호 옮김, 『역사론』, 민음사, 2002.

계사사화(癸巳史禍)

저장기억과 기능기억

아스만은 차곡차곡 쌓아놓는 기억을 '저장기억'으로, 탁 떠오르는
또는 떠올려지는 기억을 '기능기억'으로 불렀다고 말한 바 있다. 그때
는 지나치듯 언급했기에 좀 더 상세히 살펴보려고 한다.

저장기억은 비활성화되어 있고, 비교적 무념무상하게 불러줄 때를
기다리고 있다. 19세기 역사실증주의 시대에 니체는 저장기억을 역
사학의 책무로 삼는 경향에 대해 기억과 회상의 활기를 빼앗는 원흉

이라면서 비판했다. 물론 문서와 책으로 남은 기억을 새로운 생명력의 발현으로 보는 전통이 르네상스 이래 셰익스피어까지 있었다.

나는 어떤 매체나 방식을 통해서든 경험을 적어서 남기는 기록 행위Documentation와 그 기록으로 역사를 이야기해주는 역사 서술Historiography을 구분한다. 아스만의 용어를 내 용법에 대입하면 '기록 행위=저장기억', '역사 서술=기능기억'으로 볼 수 있을 듯하다. 대체로 근대 역사학 분과에서는 후자를 역사학으로 치고, 전자는 기록학이나 기록관리학, 문헌정보학, 도서관학이라는 이름으로 부른다. 반면 전통적으로 동아시아에서 사史는 기록 행위와 역사 서술을 통칭하여 부르는 말이었다.

흔히 우리가 『조선왕조실록』을 오해하는 것도 여기서 시작된다. 실록을 근대 역사 서술의 결과물로 이해하는 것이다. 그러나 실록은 일기日記이다. 날씨, 날짜, 연관이 되기도 하지만 연관되지 않아도 상관없는 사실과 사건들, 오고 간 문서들이 차례차례, 차곡차곡 쌓인 저장기억의 성격을 띤다. 내가 저녁에 쓰는 일기를 나라 차원에서 쓴 결과라고 보면 된다. 그래서 '편찬'이라는 말을 썼다.

일기라고 다 기록하지는 않는다. 숨기는 일도 있다. 감정을 과장하기도 한다. 하지만 대부분 덤덤하게 기록한다. 기억을 얼려두기 위해, 그리고 언젠가 녹여서 재생하기 위해. 얼마 전 일기장을 보면서 이런 일이 있었구나, 새삼 내가 지나온 하루하루가 신기하게 느껴졌다. 소중한 느낌, 아련한 아쉬움과 함께 떠오르는 얼굴들……. 대부분 이미 내 활성기억, 기능기억에서 지워진 사건들이었다.

안타깝게도 나는 최근에 3년치 일기를 날려버렸다. 디지털 매체에서 왜 '날려버렸다'는 표현을 쓰는지 절절하게 실감했다. 허탈함을 그렇게밖에 표현할 길이 없었다. 바이러스 먹은 컴퓨터 한글 파일에서 복구 프로그램을 멋모르고 돌린 후 파일은 더 처참해졌다. 검찰이 수사하기 위해 프로그램 복원이 필요하면 의뢰한다는 프로그램 복구회사에 일기만은 살려달라고 부탁했던 일이 수포로 돌아갔을 때, 그 허탈감으로 나는 석 달 이상 일기를 쓰지 않았다.

니체의 우려와 달리 나는 저장기억과 기능기억이 대립한다고 보지 않는다. 저장기억은 기능기억이 빠질 수 있는 왜곡과 위험을 교정하거나 줄여줄 수 있다. 국민국가의 기억인 국사는 기능기억이다. 19세기 국민국가의 기억은 '만들어진 전통'이다. 단군檀君을 그토록 강조하는 것도 20세기의 현상이다. 조선시대에는 역사서에서 언급하기는 해도 '반만년 역사의 정체성' 코드로 작동시키지 않았다.

저장기억은 이 땅의 주류 역사를 건국절로 시작하려는 시도나 미국 역사에서 인디언이나 여성, 비非백인 남성들을 배제한 채 가르치는 교과서 같은 기능기억의 편협성과 왜곡을 시정하는 풀pool이 된다. 나는 2012년에 『광해군, 그 위험한 거울』이라는 책을 내면서 저장기억과 기능기억 사이의 상보相補 관계, 비판적 역사 서술의 새로운 가능성을 확인했다.

『광해군일기』라는 저장기억

조선시대 유일하게 활자로 간행되지 못하고 초고본으로 남은 비운의 실록이 『광해군일기』이다. 광해군 대 궁궐 공사를 비롯한 재정 파탄은 거의 국가 파산 수준이었기 때문에 인조반정 이후 극심한 곤란을 겪었고, 그 증거 중 하나가 『광해군일기』 중초본中草本과 정초본正草本이라는 생생한 증거이다. 『광해군일기』는 여타 실록과 달리, 광해군이 폐위되었기 때문에 실록이 아닌 '일기'라는 이름을 얻었다.

내가 현재 학계에서 주류 해석인 광해군 중립외교론에 반대하여 광해군은 정신 나간 임금이었다는 주장을 했기 때문에 『광해군, 그 위험한 거울』 출간과 함께 작은 파문이 일었다. 이런 나의 주장은 2010년에 나온 『조선의 힘』에서도 이미 했는데, 이번 책은 '비판'이라기보다 '실상의 이해'를 위해 쓴 시대사였다. 나의 견해를 반박하는 사람들의 논거 중 하나가 "『광해군일기』는 반정 이후 서인들의 손으로 편찬되었기 때문에 왜곡되어 있고 믿을 수 없다."라는 주장이었다. 나는 이런 비판을 예상했기 때문에 내 책에 『광해군일기』라는 사료의 성격(저장기억)에 대해 언급해두었는데, 그중 이런 말이 있었다.

셋째, 이 점이 재미있는 대목인데, 광해군 재평가의 시조인 일제 식민사학자 이나바부터 최근 민족통일의 비전을 줄 수 있는 존재로까지 광해군의 중립외교를 높이 평가하는 연구자들에 이르기까지, 이들이 참고하고 자신의 논거로 삼은 연구 자료의 90% 이상이 『광해군일기』이다. 이 말은 『광해군일기』에는 광해군을 비판할 수 있는 자료는 물론 광해군을 추앙할 수 있는 자료도 동시에 남아 있음을 의미한다.

그랬다. 광해군의 중립외교를 들먹이며 민족통일을 이룰 비전을 보여줄 존재로까지 그를 추어올리는 사람들도 대부분 『광해군일기』에서 논거를 제시했다. 그와 달리 나는 『광해군일기』를 통해서 광해군의 외교는 기회주의 외교였고, 그것은 무너진 내치內治의 결과라고 주장했다. 중립외교라는 기능기억을 『광해군일기』라는 저장기억에 비추어 '광해군은 어리석은 군주'라는 기능기억으로 수정하고자 한 것이다. 이것이 아스만이나 내가 생각하는 저장기억과 기능기억의 상보관계이며, 비판적 역사 서술의 가능성을 보여준 사례이다.

정상회담 녹취록

새누리당 국회의원 정문헌은 2012년 10월 8일 통일부 국정감사에서 "노무현 대통령이 김정일 국방위원장과의 비밀 단독회담에서 북방한계선NLL, Northern Limit Line 포기 발언을 했고, 이런 내용이 담긴 녹취록이 통일부와 국가정보원에 보관되어 있다."라고 주장했다.[68] 그리고 이 녹취록은 북한이 전해준 것이라고도 했다.

출처가 불분명한 주장을 놓고 질질 논란을 끌었고, 이명박 대통령은 난데없이 연평도를 방문해서 NLL을 거론하며 호들갑을 떨었다. 그러다가 10월 28일, 국가정보원장 원세훈은 국가정보원에 대한 국회 국정감사에서 2007년 10월 노무현 대통령과 김정일 국방위원장의 정상회담 대화록과 우리 쪽이 녹음한 테이프가 존재한다고 확인했다. 그러나 그는 "두 정상 간 비밀 단독회담은 없었고, 북한에서 전달한 녹취록도 없다."라고 말했다. 비밀 정상회담도 없었고, 북한이 녹취록을 전달한 적도 없었으므로 정문헌은 거짓말을 한 것이다.

새누리당은 정상회담 녹취록 공개를 요구했는데, 원세훈은 "국가안보가 더 중요하므로 여야가 합의해서 요구해도 공개할 수 없다."라고 밝혔다고 한다. 아마 그 문서는 비밀로 분류되어 있을 것이다. 법에

3부 _ 국사(國史)를 넘어서

따라 비밀로 규정되어 있어도, 지금까지의 행태로 보아 자신들에게 유리한 내용, 이를테면 NLL에 대해 물고 늘어질 단서가 있으면 국가정보원에서 새누리당에 흘렸을 텐데 '공개할 수 없다'고 답변한 것을 보면 대통령 선거에 이용하여 트집을 잡을 내용이 없기는 한가 보다. 자, 여기까지가 한 단락이고, 중요한 한 대목이 더 남았다.

현재 대한민국에는 저장기억을 보존하기 위해 '공공 기록물 관리에 관한 법률'과 함께 '대통령 기록물 관리에 관한 법률(대통령기록물 관리법)'이 있다. '대통령 기록물'은 대통령의 임기가 끝남과 동시에 국가기록원 '대통령 기록관'으로 이관되는데, 대통령이 지정한 기록은 15년간 비공개로 할 수 있다. 경제, 안보, 국내 정치 등을 고려하여 대통령의 상식적, 합리적 판단을 신뢰하는 한편, 해당 대통령 때 생산된 문서를 15년간 보호해줌으로써 퇴임 이후 논란의 빌미가 될까 우려하여 기록을 폐기해버렸던 전례를 바로잡기 위한 것이다.

나 역시 참여정부 때 기록관리 혁신에 참여한 관료로, 직위는 '국가기록원 기록관리 혁신단 팀장'이었다. 당시 노무현 대통령이 직접 나서서 청와대에서 생산되고 청와대로 보고되는 모든 문서를 'e-지원'이라는 프로그램을 통해 관리, 보존했다. 청와대에서 하는 업무는 모두 기록되도록 만든 시스템이었다. 삭제하거나 수정하면 그 흔적이 모두 남았다. 그리고 청와대에서 생산된 문서 현황을 매년 국가기록원에 보고하게 했다. 그 일을 수행했던 몇몇 동료는 거의 조선시대 사관에 뒤지지 않을 책임감으로 임했다.

내가 눈을 떼지 않는 부분이 이 부분이다. 이명박 정부는 총리실에서 자행된 민간인 사찰 관련 기록들이 담겨 있던 컴퓨터의 파일을 삭제, 포맷하여 인멸했다. 지금도 전문가들은 이 정권이 청와대 기록들을 어떻게 생산, 관리, 보존했는지에 대해 깊은 의혹을 가지고 있다. 과연 대통령으로 재직하는 동안 제대로 기록을 남겼는지, 그리고 남긴 기록을 제대로 이관했는지 확인할 것이다.

이명박의 행적이 궁금해서가 아니다. 근대국가의 행정을 담은 기록은 곧 그 국가가 영토로 규정하는 이 땅에 사는 사람들 삶의 기억이기 때문이다. 기억하라! 나를 비롯한 많은 전문가가 청와대에서 반드시 생산되어야 했을 기록이 무엇인지 알고 있다. "내가 해봐서 안다." 그런데 유사한 일이 2012년, 2013년에 반복되었다.

정보기관이 비밀을 누설한 죄

만약 사관이 자신과 관계되는 사건을 싫어하거나 친척과 친구의 청탁을 듣고 관련 사실을 없애고자 하여 문서철을 훔친 자는 '제서制書(국서)를 도둑질한 법률'로써 논죄하여 목을 베고, 사초를 도려내거나 긁어 없애거나 먹으로 지우는 자는 '제서를 찢어버린 법률'로 논죄하여 목을 베며, 동료 관원으로서 알면서도 고하지 아니하는 자는 법률에 따라 한 등급을 줄이고, 사초 내용을 외인에게 누설하는 자는 '근시관近侍官이 중요한 기밀을 남에게 누설한 법률'로써 논죄하여 참해야 할 것입니다. [69]

1449년 3월 2일, 춘추관에서 세종世宗에게 보고를 올렸다. 춘추관은 조선시대 실록을 편찬했던 사관들이 근무하던 곳이다. 이 보고는 세종의 윤허를 얻어 조선의 기록을 관리하는 기초 법령이 되었다.

3부 _ 국사(國史)를 넘어서

2007 남북정상회담 정상회담 회의록은 대통령 기록이다. 국정원은 틀렸다. 2013년 10월 4일 서울 종로구 세종문화회관 세종홀에서 열린 10·4남북정상선언 6주년 기념식에 게시된 김정일 국방위원장과 노무현 대통령의 사진

이후 1498년(연산군 4년)에 성종시대 실록을 편찬하던 과정에서, 이극돈이 김일손의 사초에 적힌 김종직의 「조의제문」은 세조의 왕위 찬탈을 빗댄 것이라고 모함하여 무오사화를 일으켰다. 이 경험 때문에 1507년(중종 2년)에는 사초를 작성하는 과정만이 아니라, 실록을 편찬하는 과정에서 사초를 누설해도 목을 베는 규정이 추가되었다. 이렇게 해서 인류 역사상 거의 독보적인 역사 자료의 지위를 가진 『조선왕조실록』이 우리에게 남겨진 것이다.

2012년 대통령 선거 와중에, 그리고 이어서 국가정보원에 의해 별안간 불거져 나온, 노무현 전 대통령의 NLL 관련 발언이 어떠했느냐는 논제가 아니다. 그건 다음 문제이다. 우리가 주목하는 것은 국가정보원에서 공개한 「남북정상회담 회의록」의 성격과 그것을 국정원에서 공개하는 것이 적법한가에 대한 질문이다.

결론부터 말하면, 「2007 남북정상회담 회의록」은 대통령 기록물이다. '대통령 기록물'이란 대통령이 직무를 수행하는 과정에서 생산하거나 받은 기록을 말한다. 정상회담은 대통령만이 할 수 있는 직무이다. 국정원 소속 공무원이 남북정상회담에 배석해 「회의록」을 작성했어도, 대통령 국정 행위를 지원하는 업무를 수행한 것이므로 「회의록」은 대통령 기록물이다. 국정원에서는 마치 자신들이 작성했으니 국정원 기록물이지 대통령 기록물이 아니라고 주장하는 모양인데, 법률을 몰라도 한참 모르는 소리이다.

실제로 국정원 소속 공무원이 남북정상회담에 배석하여 「회의록」을 작성했어도, 국정원은 작성이 끝난 「회의록」을 대통령 비서실에 접수시켜 대통령 비서실에서 관리하게 하는 것이 적법한 관리 방식이다. 나아가 대통령 비서실 소속 공무원이 회담에 배석하여 녹음한 기록을 국정원에서 녹취하도록 지원한 것이라면, 그 「회의록」 역시 대통령 기록물이다. 만일 국정원이 대통령에게 보고하여 확정한 「회의록」이 아닌 다른 판본을 보관해왔다면, '진본성Authenticity(원본성)의 원칙'에 따라 국정원이 보유한 판본은 우리 정부가 공식적으로 회담 내용을 기록한 기록물이라 할 수 없으며, 증거로서 효력도 지닐 수 없다.

노무현 전 대통령이 업무상 활용하기 위해 "국정원에서 관리하라."라고 지시했다면 국정원은 '대통령 기록물 사본'을 접수하여 관리한 것이며, 그렇게 관리되어야 했다. 그리고 무엇보다 노무현 전 대통령이 퇴임 전 「회의록」을 '지정 기록물'로 정했다. '대통령 지정 기록물'이란 군사, 외교, 안보 등 중대한 영향을 미칠 수 있는 기록의 공개를 일정 기간(최대 15년) 유보하여 불필요한 국익의 손상이나 정치적 쟁점화를 피하기 위해 대통령이 비공개로 지정한 기록을 말한다.[70]

계사년의 사화(史禍)

이는 '대통령기록물관리법'을 만들 때, 대통령 기록물이 바로 공개될 경우 퇴임 이후를 걱정한 대통령이 오히려 기록의 생산을 주저하거나 심지어 폐기할 수 있는 상황을 막으려는 보호 장치였다. 물론 법률이 제정되었으니, 이런 취지에 여야 모두 동의한 것이다. 그러므로 2012년 12월 17일 국정원이 「회의록」 발췌본을 제작, 제출하고, 2013년 1월 16일 검찰이 열람한 것 모두 '대통령기록물관리법'에 위배된다. 검찰이 수사상 대통령 지정 기록물을 열람해야 한다면, '대통령기록물관리법' 제17조 제4항 제3호에 근거하여 관할 고등법원장이 영장을 발부한 뒤에 대통령 지정 기록물 관리기관인 대통령 기록관을 통해 「회의록」을 열람했어야 했다.

특히 2013년 6월 20일 국회 정보위원회 소속 국회의원이 국정원이 제출한 「회의록」 발췌본을 열람한 것 역시 위법이다. 한국기록전문가협회가 정확히 지적했듯이, 국회법 제37조에 따르면 국회 정보위원회는 국정원 소관 사항을 논의해야 하며, 「남북정상회담 회의록」과 관련된 사항을 논의하는 상임위원회는 외교부와 통일부 정책이 소관인 국회 외교통일위원회이다.

그리고 국회에서 「회의록」 열람이 필요하다면, '대통령기록물관리법' 제17조 제4항 제1호에 근거하여 국회 재적의원 3분의 2 이상의 찬성 의결을 거친 뒤에 대통령 지정 기록물 관리기관인 대통령 기록관을 통해 외교통일위원회에서 열람했어야 했다. 그러나 그렇게 하지 않았다. 불법이다.

2013년 6월 MBN TV 아침뉴스 시간에 약 20분간 남북정상회담 회의록의 불법공개에 대한 인터뷰를 진행하였다. 그때 앵커 한 분이 "요즘 이 사태를 사화史禍라고 한답니다."라고 말했다. 나는 말했다. "역사학자인 저보다 낫습니다. 이 사태를 사화로 이해하는 역사의식이 말입니다." 그리고 잠시 있다가, "사화는 사화인데, 무슨 사화라고 할까요?" 하다가, 2013년 계사년癸巳年에 일어났으니 '계사사화'가 어떠냐고 말하고는 씁쓸하게 웃었다.

3부 _ 국사(國史)를 넘어서

진정한 국익이란 무엇인가?

국정원은 말할 것도 없고, 국회 정보위원회 서상기 의원 등 회의록을 열람한 사람들에 대한 검찰 수사가 이어지고 있다. 국정원이나 서상기 의원은 「남북정상회담 회의록」이 대통령 기록물이 아닌 일반적인 공공 기록물이라고 우기면서 자신들의 위법, 범법 행위를 합리화하고 있다. 아마 정치 논리에 휘둘리기 십상인 검찰이나 법원이 이들 손을 들어줄지도 모른다.

하지만 우리의 고민은 거기에 있지 않다. 진정 나라가 나라다운 모습을 갖추기 위해서는 어떤 태도와 마음가짐으로 대통령 기록물을 대해야 하고, 나아가 공공 기록물을 관리, 보존해야 하는지 생각하지 않을 수 없기 때문이다. 세종 대 춘추관 수준이나 『조선왕조실록』을 만들었던 사관들의 수준까지는 요구하지도 않는다.

정권은 바뀌게 되어 있다. 5년 뒤가 될지, 10년 뒤가 될지 알 수 없지만, 분명한 사실은 바뀐다는 점이다. 그리고 그 뒤로도 정권 교체는 또 있을 것이다. 그럴 때 이 나라가 경험을 쌓아가는 나라, 역사를 통해 미래를 만들어가는 나라, 더 가깝게는 주변 국가들과 신뢰를 쌓아가는 품격 있는 나라가 되려면 어떻게 하는 것이 최선일까? 중국, 프랑스를 방문하는 대통령에게 이런 불법이 과연 무슨 도움이 될지, 이런 정도는 생각해야 하지 않을까?

나는 정례적으로 우리나라의 공공 기록물과 대통령 기록물 관리를 책임지는 국가기록원의 공개 분류 심의회에 참석하고 있다. 공개재분류란 비공개로 분류되어 있는 기록을 30년이 지나면 재분류하는 작업이다. '국민의 알 권리'에 부응하는 한편, 개인 정보는 보호하는 민감한 업무이다. 비공개 기록, 비밀 기록 하나를 공개하기 위해 국가기록원 실무자들은 토론을 반복하고, 기록 생산기관이나 유관기관과 협의하며, 최종적으로 심의회의 논의를 거친다.

2013년에만 이분들, 21세기의 사관들은 18만 건의 기록을 재분류한다. 국회의원, 국가정보원, 검찰, 법원 등은 이들이 나라의 기록을 대하는 자세만큼, 아니 그 반만이라도 배울 수는 없을까.

68) 「경향신문」 2012년 10월 24일자.

69) 『세종실록』 권123 31년 3월 2일(임오).

70) 「대통령기록물관리법」 제17조 '대통령지정기록물의 보호.'

4부

난세에
즐거워해도
되나

난세에 즐거워해도 되나

'보여주지 못할 것은 없다'

『자치통감資治通鑑』이라는 획기적인 역사서의 편찬자로 알려진 사마광이란 분이 있다. 『자치통감』이 왜 획기적인 거작巨作인지 아는 사람은 많지 않다. 통사通史로는 사마천의 『사기』 이후 처음이고, 편년체 통사로는 『춘추좌씨전春秋左氏傳』 이래 처음이다. 거기에 20년에 걸친 자료 수집과 편찬, 고증의 성과는 『자치통감고이資治通鑑考異』 등에 고스란히 남아 있다. 나의 관견管見으로 볼 때도 압도될 저작이니, 제대로 아는 분의 눈에는 어떨까?

통상 이분은 우리에게 왕안석과 쌍으로 기억된다. 왕안석의 신법당과 대립한 구법당의 영수로 알려져 있다. 이름이 구법당이라 그런지 사람들은 곧잘 사마광을 보수, 왕안석을 진보, 이렇게 놓는다. 이런 구도에는 사마광이 주자 등의 사상적 선배라는 사실 때문에, 즉 성리학의 계보에 있기 때문에 보수적이라는 근대적 편견이 자리하고 있다. 내 생각은 다르다.[71] 그나저나 사마광이란 분 얘기를 꺼낸 데에는 다른 이유가 있다. 그는 이렇게 말한 적이 있다.

나는 남보다 나은 데가 없다. 다만 평생토록 내가 한 일 가운데, 남에게 말할 수 없는 것이 없었을 뿐이다.[吾無過人者. 但平生所爲, 未嘗有不可對人言者耳]

이 말은 『송명신언록宋名臣言行錄』에 나오는데, 우리에게 익숙한 『소학小學』에도 실려 있다.[72] 그런데 이 어른께서 말씀 참 주눅 들게 하셨다. 남보다 나은 데가 없다? 겸손이라고 치자. 그런데도 평생 한 일 가운데 남에게 말할 수 없는 것은 없다? 이 말을 기독교식으로 바꾸면 '주님 앞에 회개할 일이 없다'가 된다. 겸손인가, 자부인가? 아니면 둘 다인가?

사마광이 정말 그렇게 살았느냐고, 그냥 하는 말 아니겠느냐고 묻는 분들에게는 할 말이 없다. 확실한 것은 사마광의 저 말이 나를 살 떨리게 했다는 기억과 지금도 살 떨리게 하고 있다는 체험뿐이다. 내 감感이 맞다면 사마광은 거의 그렇게 살았을 것이다. 다음 내용들은 사마광처럼 다는 못 보여드리고, 10% 정도 빼놓고 보여드리는 내가 누리는 '난세의 즐거움'이다.

전주에 내려오면서 공동생활할 수 있는 게스트하우스를 염두에 두었다. 그래서 주변의 단독주택을 알아보았는데, 집세도 만만치 않았고 준비도 미흡하여 '투룸', 방 두 개짜리를 얻었다. 말이 투룸이지 거실과 방으로 되어 있다. 그동안 꽤 많은 팀이 거쳐갔으니 게스트하우스 노릇은 한 셈이었다. 전주 생활이 안정을 찾으면서 학과 사무실에 모집 공고를 붙였다.

미래는 함께 사는 사람들의 것이다! 운운. 생활비 10만 원, 생활규칙 몇 조항. 남자 1명/여자 2명, 또는 남자 3명. 『돈의 달인, 호모 코뮤니타스』를 읽고 그 비전에 동의하는 분은 메일로 연락하시고, 여차저차한 과정을 거칠 예정입니다.

몇 달 전부터 미리 소문을 내놓았던 터라 한 남학생이 지원했다. 오케이! '아침 6시 30분 이전 기상'이라는 조건 때문에 망설이는 후보자들이 있다고 했다. 그래서 7시로 늦추었다. 그런데 막상 둘이 살아보니, 투룸에 더 많은 사람이 살기에는 불편했다.

그래서 작은 아파트로라도 옮겨가려고 하는데, 마침 같이 공부하는 분이 전세를 놓을 수 있다고 했다. 시세보다 깎아주셨다. 취지가 좋다면서. 제안은 성사되지 못했다. 학교에서 걸어다니기가 멀었다.

역사학개론의 업보

2011년부터 1학기에 학부 과목으로 '역사학개론'을 맡고 있다. 65세쯤 역사학개론 책을 내려고 생각하던 터라 신임인 주제에 과감히 맡았다. 2011년 교재로 쓴 책은 폴 벤느의 『역사를 어떻게 쓰는가』와 사마천의 『사기열전』. 강의는 이렇게 진행했다. 일주일에 두 번 강의를 하는데, 화요일에는 벤느를 읽고 금요일에는 사마천을 읽으며, 벤느의 얘기가 사마천을 이해하는 데 어떻게 적용될 수 있는지 살펴본다.

첫 시간. 노트를 가져온 학생은 손에 꼽을 정도이다. 나머지 수강생들은 멀뚱멀뚱. 이 과목만을 위한 노트 준비, 매 시간 해당 교재에서 감동받은 문장, 곧 씨앗문장과 중요하거나, 모르겠거나 한 문장을 1,000자 이상 쓰고, 400자 이상 암송, 요렇게 공지했더니 눈치가 심상치 않다. 그래서 못 박았다. "역사학과는 내 과목을 피해갈 수 없다!" 그런데도 수강신청 정정 기간에 무려 17명이 도망을 갔다. 어리석은 것들! 그로부터 사흘 뒤에 역사학개론은 '전공선택'에서 '전공필수'가 되어 나타났다. 도망친 어린 양들은 다음 해에 들어야 했다.

먼저 학생들 이름부터 외웠다. 연도와 이름 외우는 데에 콤플렉스 있는 내가 두 주 만에 다 외웠다. 비법은 이렇다. 먼저 학생들에게 양해를 구하고, 앉는 자리를 1학기 동안 고정했다. 사진과 앉는 자리를 염두에 두면서 이름을 외웠다.

두 주 동안 번역도 좋지 않은 벤느 책 보랴, 씨앗문장 쓰랴, 안 해보던 암송하랴 학생들은 고생이 많았다. 그러면서 흔들리는 눈빛으로 나를 쳐다보던 그들은 자신들의 씨앗문장이 벤느 논지의 핵심임을 확인하면서 안정을 찾았다. 그렇다! 누구나 성인聖人이 될 수 있다.

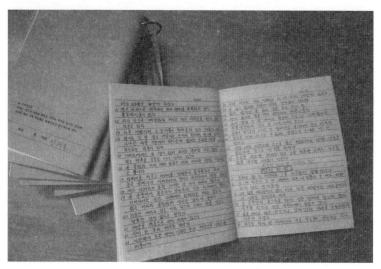

성경 베끼기 장모님은 매일 새벽에 일어나 『성경』 베끼기로 하루를 시작하신다. 그걸 흉내내려던 사위는 사흘도 못하고 『금강경』을 제쳐두었다. 우리가 잘 아는 『논어』의 첫머리는 '배우고 때맞춰 익히면 즐겁지 아니한가'이다. 그 '배움[學]'을 선현들은 '흉내내기, 본받기'라고 풀었다. 피겨를 잘하려면 김연아 선수의 폼을 본뜨고, 그림을 잘 그리려면 겸재 정선의 그림을 베끼는 데서 시작한다.

2012년에는 홉스봄의 『역사론』(민음사)과 티모시 브룩Timothy Brook 등이 쓴 『능지처참』(너머북스)을 읽고, 2013년에는 내가 번역한 유지기劉知幾(661~721)의 『사통史通』(역사비평사)과 내가 쓴 책 『광해군, 그 위험한 거울』(너머북스)을 읽었다. 『사통』은 1,000페이지가 넘어서 학생들의 체력증진에 크게 기여했는데 역사학개론을 마친 2학년들은 내년에도 역사학개론 교재를 『사통』으로 하자고(하라고) 주장(압박)한다.

역사학개론 수업은 매년 교재를 바꿀 생각이다. 내 강의안을 업데이트하는 효과도 있고, 학생들에게 축적된 지식을 제공할 수 있기 때문이다.

인간+X=봄

5년째 전주에서 책읽기 모임을 계속하고 있다. '인간+X'이다. '봄'이라는 카페에서 시작했다고 하여 일명 '봄'이라고도 부른다. 우리의 목표는 시민의 교양이다. 『꿈꾸는 기계의 진화』[73]와 『뇌, 생각의 출현』[74]을 비롯하여 『카를 융 – 기억 꿈 사상』[75] 『오리엔탈리즘』[76] 『미국의 민주주의 1』[77] 등을 읽었고, 지금 『자본』[78]을 읽고 있다.

학생들과 매주 목요일 아침 강독 모임을 하는데, 『탐사 – 현대 역사학의 거장 9인의 고백과 대화』[79] 『미국 민중사』[80] 『부채, 그 첫 5,000년』[81] 『국가에 대항하는 사회』[82] 등을 읽었고, 지금은 『폭력의 고고학』[83]을 읽고 있다. 다음에는 『파시즘의 대중심리』[84]를 읽을 생각이다. 목요 세미나는 해당 학기 강의를 보완하는 성격을 띤다. 2012년 2학기에는 영어 강독을 했는데, 아무래도 역사학개론 강의를 보완한다고 생각하니 에드워드 카Edward H. Carr의 『역사란 무엇인가?』[85]를 피해갈 수 없었다. 새 식구들이 늘어나 내 연구실로는 부족하다. 내 강의를 듣는 학생들과 전북대학교 선생님 한 분이 참여했고, 몇 분이 더 오시겠단다.

전주시에서 독서 모임을 지원하는 프로그램도 만들었다. 지원 자체가 중요하다기보다 곳곳에 자발적인 독서 모임이 있다는 사실이 서로에게 반가운 듯했다. 그래서 서로 견학도 한다.

난세에는 즐거워도 걱정이다

나랏돈을 받아 전주에 와서 문집도 번역하고, 좋은 인연들과 함께 공부한 지 4년이 되었다. 문집 번역은 처음이었다. '언어는 학문의 기본'이라고 다짐하면서도, 늘 한문 실력에 불안감을 가지고 있었기에 이참에 한3년 서당 들어갔다고 생각하자는 마음이었다.

역시 어려웠다. 실록 같은 연대기는 그런대로 읽을 만했는데, 문집은 다양한 문체와 전거가 등장해서 한 줄, 한 줄이 버거웠다. 그래도 김건우 교수 등 여러 선생님의 도움으로 조금 길이 보인다. 전남 장흥 출신의 위백규란 분의 문집 번역을 마치고 출간했다.[86] 제대로 된 학술발표회도 했다. 스스로 바닷가 벽촌의 선비라고 생각했던 조선시대 한 사람을 온전하게 만나보았다. 어떤 분이었는지 조금은 알 듯도 하다. 이분을 그동안 학계에서 '실학자'라고 했지만, 내 눈에는 여러 성리학자 중 한 분이다.

청음淸陰 김상헌金尙憲의 손자로, 엄친아 같은 문곡文谷 김수항金壽恒의 문집, 인현왕후仁顯王后의 친정아버지 민유중閔維重의 둘째 형인 노봉老峯 민정중閔鼎重의 문집 번역도 마쳤다. 출간하고 나면 보이는 오역誤譯 때문에 번역을 마치고 나서도 안절부절못하고 있다.

우리 역사문화콘텐츠 학과와 번역팀, 서로 너무 좋아해서 탈이다. 우리는 서로 '전우'라고 부른다. 공부하고 난 뒤 더 같이 있고 싶어서 이것은 공부가 아니라 노동이었다며 최면을 건다. 노동 뒤의 한잔을 합리화하기 위하여. 물론 공부가 노동일 때도 진짜 있다.

지방민이다 보니, 서울 나오는 게 일이다. 그래서 요즘 어떻게 지내느냐는 인사를 받는 경우가 많아졌다. 난감했다. 잘 지내고 있고, 무엇보다 행복하게 지내고 있다. "잘 지내고 있다, 행복하게. 근데 이런 난세에 행복해도 되나?" 내 말에 벗들은 기쁜 마음으로 웃어준다.

사마광보다 한 세대 선배였고, 사마광처럼 나를 살 떨리게 했던 범

중엄范仲淹(989~1052) 선생께서는 「악양루기岳陽樓記」에서 "천하의 근심에 앞서서 먼저 근심하고, 천하가 모두 즐거워한 뒤에 즐거워하리라. 이런 정도의 사람이 아니라면, 내가 누구와 함께 벗을 삼겠는가.[必曰: 先天下之憂而憂, 後天下之樂而樂歟. 噫! 未斯人, 吾誰與歸?]"라고 읊었다. 어찌해야 하나? 근심해야 하나, 즐거워해야 하나? 아아, 난세에는 즐거워도 걱정이다.

---

71) 왕안석의 '국가주의'와 사마광의 '공동체주의'의 대립에 가깝다고 생각하는데, 논의의 여지가 많은 논제이다. 작은 실마리는 이 책 1부의 '나는 보수다!'를 참고.

72) 『소학』 「선행(善行)」.

73) 로돌포 R. 이나스, 김미선 옮김, 북센스, 2007.

74) 박문호, 휴머니스트, 2008.

75) 카를 G. 융, 조성기 옮김, 김영사, 2007.

76) 에드워드 사이드, 박홍규 옮김, 교보문고, 1991.

77) 알렉시스 토크빌, 임효선 · 박지동 옮김, 한길사, 2002.

78) 데이비드 하비, 강신준 옮김, 『데이비드 하비의 맑스 자본 강의』(창비, 2011)가 끝나 카를 마르크스, 강신준 옮김, 『자본』(도서출판 길, 2008)을 읽고 있다.

79) 마리아 루시아 G. 팔라레스 버크, 곽차섭 옮김, 푸른역사, 2007.

80) 하워드 진, 유강은 옮김, 이후, 2008.

81) 데이비드 그레이버, 정명진 옮김, 부글북스, 2011.

82) 피에르 클라스트르, 홍성흡 옮김, 이학사, 2005.

83) 피에르 끌라스트르, 변지현 · 이종영 옮김, 울력, 2002.

84) 빌헬름 라이히, 황선길 옮김, 그린비, 2006.

85) E. H. Carr, *What is History?*, Vintage, 1967.

86) 오항녕 · 김건우 등 옮김, 『존재집』1~6, 흐름, 2013.

벽을 보고 우는 뜻은

    잘난 척하는 사람일수록 남 잘난 척하는 꼴을 못 본다. 재수 없는 사람일수록 남 재수 없는 꼴을 못 본다. 내가 그렇다. 이 글에도 분명 그런 사심私心이 묻어 있음을 굳이 숨기고 싶지 않다. 사심이 사심을 드러내주는 법이다. 그나저나 '재수 없다'는 말은 전아典雅한 표현은 아니어서 종종 쓰기 꺼려지면서도 그 적실성 때문에 놓기 어려운 말이다.

                                     4부 _ 난세에 즐거워해도 되나

죽은 아들 칠룡이

남들은 새해의 희망을 안고 잠들어 있을 정월 초순, 홀로 일어나 눈물짓는 사내가 있었다. 그것도 누가 들을세라 소리 죽여 안으로 안으로 눈물을 삼키면서 흐느끼고 있었다. 재작년 세상을 뜬, 아니 세상을 떴다고 하기에는 너무도 잠시 머물렀던 아이의 죽음을 기억하며 마음 아파하던 사내, 문곡文谷 김수항金壽恒(1629~1689). 그는 다음과 같은 시를 남겼다.

정월 초엿새는 어린 것이 죽은 날이다. 마음을 두지 않으려고 해도 자연 다스려지지 않는 구석이 있었다. 갑자기 10편의 절구絕句를 입으로 읊었으니, 이 또한 소동파蘇東坡, 蘇軾가 한 차례 통곡으로 나머지 슬픔을 떨어버린 것과 같은 의미이다.[87]

하찮은 풀 서리나 눈에 시들지만	寸草萎霜雪
봄 오면 다시 피어나는 법이거늘	春來還復榮
하늘의 마음 어찌 박하고 두터워	天心何厚薄
우리 아이 되살리지 아니하는가	不敎兒再生
건너 이웃집 애 우는 소리 듣고	隔隣聽呱呱
몇 번인가 네가 우나 착각했나니	幾度錯疑汝
지난해 너와 같은 때 태어난 아이	去歲同時兒
어느덧 이제 벌써 말을 배운단다	如今已學語

눈물 참으려 눈길을 떨구었건만	忍淚已垂睫
잊으려 해도 다시금 보고 싶도다	欲忘還復思
울음소리 삼키고 어둔 벽 향했으나	呑聲向暗壁
그래도 혹 네 어미 알까 두렵구나	恐被汝孃知

문곡은 죽은 아이의 묘지墓誌, 즉 일생 등을 적어 무덤에 넣는 기록인 「죽은 아이 칠룡의 묘지殤兒七龍壙誌」도 지었다. 내용은 다음과 같다.

칠룡七龍은 안동安東 김수항의 어린 아들이다. 그 아비가 조정에 죄를 지어 호남湖南의 영암군靈巖郡에 귀양을 왔는데, 그 어미도 따라 내려왔다. 을묘년(1675년, 숙종 1년) 12월 16일에 구림鳩林 시골집에서 태어났다. 그 아비가 이름을 지었는데 '칠七'은 아들의 차례이고, '용龍'은 꿈에서 용을 보았기 때문이다.

태어난 지 21일 만에 죽어 서남쪽 10리쯤 있는 청녕동淸寧洞에 묻었다. 당초 아이의 골상이 비범해서 우연히 태어난 것이 아니라고 생각했는데 머리카락이 마르기도 전에 별안간 요절했으니, 어찌 그 아비의 남은 죄에 연루되었기 때문이 아니겠는가. 그 아비가 예법을 넘어 곡하나니, 스스로 이 글을 써서 묘에 넣어 슬픔을 표한다. 이제 마무리하노라.

초목 무성한 남녘 땅	蓁蓁南土
너 일찍 죽어 나그네 귀신 됨을 슬퍼하나니	哀汝殤之爲旅鬼
백 년 지난 뒤	百歲之後
남들이 김씨 아들인 줄 알아보고	人知爲金氏之子

그때까지 밟고 훼손하지 말기를	尙無踐毁也⁸⁸⁾

고상한 엄친아

　문곡 김수항! 조선시대 이만큼 극적인 인물도 드물다. 할아버지는 척화론斥和論의 대표자 청음淸陰 김상헌金尙憲(1570~1652). 병자호란 이후 청나라 장수 용골대龍骨大가 청음을 선양瀋陽으로 압송해가서 온갖 회유와 협박을 거듭했는데도 청음이 조선 침략의 부당성을 꾸짖자, "정말 골치 아픈 노인네![最難老人也!]"라고 손을 들었을 정도로 조선 인민의 기개氣槪를 상징하는 인물이다. 문곡은 그 음덕蔭德을 입었다.

　문곡은 성균관에 재학하던 1649년(효종 원년), 율곡 이이를 비방하는 사람들을 비판하며 수업 거부에 해당하는 권당捲堂을 주도하고 상소를 올렸다가 박세채朴世采(1631~1695)와 함께 '정거停擧'를 당했다. 이는 과거 응시 자격을 박탈당하는 벌이다. 이듬해 풀려나서 문과에 장원급제하여 40세에 판서, 정승에 오른다. 늘 고상하다는 평을 들었던 인물이다.

　숙종이 뒤늦게 장희빈에게서 아들(경종)을 얻자, 그 기쁨에 곧장 돌도 지나지 않은 아이를 1689년(숙종 15년) 원자元子로 책봉하려고 했다. 이에 문곡은 시기상조임을 들어 반대한다. 아직 인현왕후가 젊으니 시간을 두자는 것. 종종 이를 당색에 따른 상소였다고 평가하는 학자들이 있지만, 그게 아니다. 영창대군과 광해군의 사례에서 보듯, 왕조 시대에 적자嫡子와 서자庶子의 서열과 처신은 지혜롭지 않으면 분란, 그것도 심각한 분쟁의 씨앗이 된다. 문곡은 바로 그 점을 걱정했고, 불과 몇 년 만에 장희빈 정권의 전횡으로 나타났다. 숙종이 나중에

그 사실을 깨닫고 1694년(숙종 20년) 바로잡았지만(갑술환국), 문곡은 귀양 가서 사약을 받고 세상을 뜬 뒤였다.

위에 인용한 문곡의 시를 처음 보았을 때, 나는 당혹감을 느꼈다. 이 시는 문곡이 영암으로 귀양 갔을 때 쓴 것이다. 숙종이 즉위하면서, 예송禮訟에서 국왕도 신분이 다른 사람들, 예를 들어 사士나 서인庶人과 공통된 예법 원칙을 적용받는다는 주장을 펴면서 복제服制 논쟁을 벌이다가 임금을 업신여겼다는 죄를 받았기 때문이다.

귀양을 갈 때 아내나 식구들을 데리고 가지 않는다고 알고 있던 나는 '어떻게 아이를 낳았지? 문곡이 1629년생이니까 거의 쉰 살이 다 된 나이인데, 늦둥이를 보았네!' 등등 온갖 상상을 했다. '첩을 얻었나?' 하는 생각도 해보았지만(이렇게 해석하는 연구자도 있었다), 귀양을 간 사안의 심각성으로 보아 첩을 둘 형편도 아니었고, 문곡이 귀양 가 있으면서 첩을 얻을 성격도 아니라는 판단이 들었다.

아이를 기억하며 문곡이 쓴 묘지명을 보고야 해답이 나왔다. 우선, 일찍 죽은 아이는 본처인 나씨羅氏 소생이다. 실록을 찾아보면 문곡은 1675년 7월에 귀양을 갔는데(당초 강원도 원주였던 귀양지는 전라도 영암으로 바뀌었다), 12월에 아이가 태어났으니 나씨는 남편이 귀양 가기 전인 그해 봄에 아이를 가졌던 것으로 보인다. 귀양지로 따라간 아내가 거기서 칠룡이를 낳았는데, 안타깝게도 21일 만에 아이가 세상을 뜬 것이다. 부모의 마음고생이 태아에게 힘들었던 것일까?

문곡은 자식 복이 많기로 유명했다. 아들 여섯을 '6창昌'이라고 하

겸재 정선의 「청풍계」
문곡 김수항의 6대조 김영수 때부터 터를 잡았던 곳이다. 전나무, 느티나무, 소나무가 바위절벽과 어우러져 아름다우면서도 옛집의 풍격을 느끼게 해준다. 청풍계는 현재 서울시 종로구 청운동 인왕산 동쪽 기슭 일대이다.

는데, 모두 '창' 자 돌림에(창집, 창협, 창흡, 창업, 창즙, 창립), 건실한 동량으로서 정치나 학문, 문예 쪽에서 한몫을 했기 때문이다.

위의 시는 아이가 죽은 지 만 1년, 햇수로는 3년 되는 1677년에 지은 것이다. 자식 죽음은 끝이 없다지만, 태어나서 스무 날 남짓 살다 간 아이를 애도하는 마음이 그리 절절할까 처음에는 의문도 들었다. 그러나 점차 그의 애도에 마음이 아파왔다. 조선시대 학인, 아니 조선 사람들의 정감을 알고 있다고 짐짓 자부했는데, 나는 아무래도 근대인인 모양이다.

반성과 다짐

아내가 첫애를 낳았을 때, 나는 종종 연구소에서 자고 들어왔다. 인천 집과 서울 연구소를 출퇴근하는 데 걸리는 시간이 왕복 네 시간이었으므로, 외박이 그리 타박거리가 되지는 않았다(고 생각했다). 이틀 또는 사흘에 한 번 꼴로 집에서 자는 셈이었다. 아내는 아침에 장모님께 아이를 맡기고, 바쁘게 출근을 서둘렀을 것이다. 아, 벌써 비굴, 반성 모드로 가면 안 되는데…… . 수오지심羞惡之心과 시비지심是非之心이 한꺼번에 작동하는 바이다.

그러던 어느 날 밤이 생각난다. 그날은 연구소가 아니라 집에서 자는 날이었다. 갓난애들은 밤에 자다 깨게 마련이다. 그날따라 아내는 피곤했는지 애가 우는 소리를 듣지 못하고 곤히 자고 있었다. 나는 짜증 섞인 목소리로 아내를 부르다가 깨지 않자 애를 툭 쳤다. 진짜 '툭' 쳤는데, 이놈이 죽겠다고 울기 시작하는 거다. '짜식, 엄살은!' 하는 순간 아내가 일어나 애를 달래기 시작했다. 나는 다시 꿈나라로 들어

갔다. 다음 날 아침, 이놈은 나를 경계하기 시작했다(는 생각이 들었다). 이놈이 큰 뒤에도 종종 나를 경계하는(것처럼 보이는) 것은 그날 일을 기억하고 있기 때문이(라고 생각한)다.

이미 알아차린 분이 계시겠지만, 이런 말을 굳이 하는 이유는 아내에게 미안하기 때문이다. 이런 나를 데리고 살아줘서 고맙다는 말을 하기 위해서이다.

문곡이 운다, 어두운 방에서. 그것도 아내가 깰까 두려워 담벼락으로 몸을 돌리고 흐느낀다. 이 남자, 마음에 든다. 그리고 나, 정말 많이 반성했고, 반성하고 있다. 다짐도 했다. 아내가 깰까 두려워할 줄 아는 남자가 되자고.

---

87) 이 부분을 '시제(詩題)'라고 부른다. 시는 모두 10편인데, 7~9편만 소개한다. 『문곡집(文谷集)』 권1.

88) 이렇게 묘지(墓誌) 끝에 압축적으로 해당 인물의 일생을 기리는데, 이런 글을 명(銘)이라고 한다.

사람 못났다고 말을 막지 말고

모르는 것을 모른다 하는 것

급훈級訓이 중요하다. 학교 다닐 때 태극기 옆 액자에 걸려 있던 교
훈校訓보다는 못하지만, 그래도 시간표 옆이라든지 환경미화란에서
나름의 권위를 과시하던 표어. '정직, 성실' 같은 하나 마나 한 말도 있
지만, '담임이 보고 있다'처럼 실용적인 급훈도 있어 웃음을 주기도
한다.

다른 분들은 어떠신가 모르겠다. 내게는 기억에 꽉 박힌 급훈이 있

다. "아는 것을 안다 하고, 모르는 것을 모른다 하는 것이 진실로 아는 것이다." 중학교 2학년 때 급훈으로 기억하는데, 담임선생님은 기억이 나지 않는다. 그때 나는 이 급훈에서 '모르는 것을 모른다 하는 것'에 방점을 찍었던 듯하다.

이 말은 『논어』「위정」에 나오는 구절이다. 온전하게 옮기면 이렇다. "공자께서 말씀하셨다. '유由야! 내 너에게 안다는 게 뭔지 가르쳐주겠다. 아는 것을 안다고 하고, 모르는 것을 모른다고 하는 것, 이게 바로 아는 것이다.'[子曰: 由誨女知之乎? 知之爲知之, 不知爲不知, 是知也]"

'유'는 공자의 거친 제자, 공자와 나이 차이가 별로 나지 않아 유일하게 스승에게 주눅 들지 않았던 제자, 그 성질머리 탓에 제명에 못 죽었던 사내, 자로子路이다. 자로는 성질 급한 사람이 그렇듯 모르고도 아는 척 나대기도 했던 모양이다. 나대고 싶어서 나대는 게 아니라 조바심에서 비롯된 행동이었겠지만.

한참 뒤에 나는 이 구절과 더욱 깊은 인연을 맺게 되었다. 대학 졸업하고 들어간 지곡서당, 즉 남양주에 있는 태동고전연구소의 입학시험에 이 구절이 출제된 것이다. 꼭 이 구절 덕분이라고 할 수는 없겠지만, 7 대 1(!)의 경쟁을 뚫고 지곡서당에 입학할 수 있었다. 이 얼마나 아름다운 인연인가!

이 구절과 그럭저럭 40년 가까이 인연을 맺었다. 마흔 살이 되던 생일날, 두 가지 질문을 스스로에게 던졌다. 첫째, 돌아가고 싶은 시절이 언제인가? 둘째, 앞으로 이렇게 살고 싶은 게 있으면 한마디. 첫째 질문에 답하려다가 다소 황당함을 느껴야 했다. 돌아가고 싶은 시절이 없는 것이다. 어릴 때 동네에서 뛰놀던 그 시절, 할머니가 그리웠지만, 그때로 돌아가고 싶지는 않았다. 지금이 더 좋다. 29세 때 마흔 살의 나이를 떠올리며 절망, 정말이지 죽음과 같은 절망을 떠올리던 나의 어리석음을 통탄하고 또 통탄했다. 이거 분명 나만 그런 것은 아니라는 거, 안다. 나이 먹는 거 두려워하는 무지한 어린것들, 잘 새겨들을지니!

둘째 질문에 대한 대답이 위의 급훈과 상관있었다. "나이 먹어서도 다른 사람에게 '내 말이 틀렸다, 내가 잘못했다'고 말할 줄 아는 사람이 되자." 마치 무슨 도덕 교과서에 나오는 듯한 다짐을 했는데, 그 배경이 이 급훈이었다. 이 다짐을 실천하는 것, 쉽지 않다. 뭐가 필요할지 맞춰보라. 체력이 첫째이다. 늙어서 고집쟁이가 되는 이유는 바꿀 수가 없어서이다. 바꾸려면 힘이 든다. 늙으면 힘이 떨어지는 법이다. 고로 위 다짐을 실천하려면 체력이 유지되어야 한다.

이인폐언

20년 전, 비록 공동 저술이었지만 처음 내 이름이 실린 책이 나갈 때 '서론-본론-결론'이라는 상투어가 싫어 서론을 '불이인폐언不以人廢言'으로 정한 일이 있었다. 역시 『논어』에 나오는 구절이다. "공자께서 말씀하셨다. '군자는 말이 그럴듯하다고 해서 그 사람을 쓰지 않으며, 그 사람이 변변치 못하다고 해서 그가 하는 말을 버려두지 않는다.'[子曰: 君子 不以言擧人, 不以人廢言]" 서론을 '불이인폐언'으로 한 것은 겸손하려는 뜻도 있었지만, 무엇보다 주저함이 있었다. 잘 알지도 못하면서 주제넘는 말을 하니까 봐달라는 뜻으로.

4부 _ 난세에 즐거워해도 되나

어떤 정당에서 국회의원 후보 당내 경선 과정에 부정이 있었다는 문제제기가 있었다. 자세한 사정은 모르지만, 진상조사위원회가 꾸려졌고 모종의 조사가 있었던 것으로 보인다. 그리고 그 진상조사위원회는 두 차례에 걸쳐 조사 결과를 발표했고. 당시 그 당 대표였던 사람은 "불신에 기초한 의혹만 내세울 뿐 합리적 추론도, 초보적인 사실 확인도 하지 않은 진상조사위원회 조사 방식을 수용할 수 없다."라고 말했다. 진상조사위원회가 특정 후보를 표적으로 삼았다는 것이다. 정말로 특정 후보를 겨냥했는지 어떤지 나는 잘 모른다. 그러나 당시 내가 맡은 냄새는 이정희 씨 역시 진상조사위원회를 불신했다는 것이다. 이내 엄습하는 경험적 불길함. 저 밑에서 떠오르는 말씀, '불이인폐언.' 일은 공자의 말을 업신여기는 상황으로 진행되었다. 이인폐언 以人廢言. '말은 맞지만, 저 사람 말이라 인정하기 싫다'는 뜻이다. 실제로 그곳의 사태는 그렇게 전개되었다.

역사학계도 예외가 아니다. 오죽했으면 내가 '콩쥐-팥쥐 프레임'이라고 불렀을까. 인물과 사건에 대한 평가에서 수시로 이인폐언한다. 자신도 이인폐언당하고. 별로 아는 것도 없어서 논쟁 같은 것은 그다지 좋아하지 않지만, 논의가 생산적으로 진행될지, 아니면 이제 그만두어야 할지 판단하는 나름의 기준을 가지고 있다. "네가 하는 말이니까 믿을 수 없다."라는 말이 나오면 끝이다. 그 전에 끝내야 한다. 지혜롭다면 그런 논쟁은 시작하지 않는 편이 백배 이롭다.

미안하다, 같이 살라고 해서

32세. 내가 결혼한 나이다. 늦었다고는 할 수 없지만, 내 결혼 시기에 대해서는 뭔가 억울한 느낌을 가지고 있다. 앞으로 할 얘기에 조금은 민감한 정보가 포함되어 있어 마음에 걸리지만, 얘기를 하려다 보면 어쩔 수가 없을 듯하다.

강의 시간에도 학생들과 이런저런 생활 얘기를 하는 편이고, 답사를 겸해서 술 한잔씩 나눌 때도 자연 내 경험 얘기를 할 때가 많다. 몇 년 전부터 나는 학생들에게 사랑하는 사람이 있다면 같이 살라고 권하고 있었다. 거기에는 이유가 있다.

내가 주로 공부하는 시대인 조선 사회에서는 대개 15~20세에 혼인을 했다. 평민이든 양반이든 큰 차이가 없다. 실제로 군역軍役을 지는 정병正兵 대상자의 나이가 15~60세였으니, 일단 15세가 넘으면 성인으로 인정받았다. 그 나이가 지나면 적절한 시기에 관례冠禮를 했고, 혼인을 했든 안 했든 일단 어른의 반열에 들어선다.

이는 자본주의 이전 다른 지역에서도 마찬가지였던 것으로 나타나는데, 대체로 농경사회에서 공통된 경향을 보였다. 알고 보니 농경사회만이 아니라 사냥을 하는 종족들 사이에서도 이런 현상은 마찬가지였다. 혼인할 수 있는 어른이란, 어른 노릇을 할 수 있는 몸의 조건에 따라 결정되었을 것이다. 논에서 벼 한 가마를 질 수 있으면 고등학생이라도 막걸리 한 잔은 얻어먹을 수 있었다. 새마을운동, 경제개발계획 등으로 조선의 생활양식이 뒤집어지고 결혼 연령이 늦추어지고 있었지만 한편에서 농업사회에서는 아직 그 나이를 어른으로 대접하던 과도기였다.

한때 나는 뭔가 음모가 진행되고 있다고 생각했다. 생리적으로 보나 정서로 보나 혼인 등 '포괄적 동거同居 연령'이 늦어지는 것은 바람직하지 않다고 보기 때문이다. 20대가 지나면 신체 기능이 떨어지므로 생식을 통해 건강한 후세를 가질 확률이 갈수록 낮아질 것이며, 그런 신체의 역동성을 발휘할 기회를 제대로 갖지 못하면 마음 역시 편안하기 어려운 법이다. 20세에 동방원정에 나선 알렉산드로스(보통 영어식으로 '알렉산더'라고 하는)나 남이南怡(1441~1468) 장군의 "남아 스무 살에 나라를 평안케 못하면 후세에 누가 그를 대장부라 하리

오![男兒二十未平國, 後世誰稱大丈夫!]"까지 올라갈 것도 없이, 신간회新幹會를 비롯한 민족해방 투쟁의 주역들이 20대였다. 20대가 사회의 중심이 되지 못할 이유가 뭔지 나는 '역사학자의 양심을 걸고' 도무지 모르겠다.

학생들에게 동거를 권하는 데에는 내 불행했던(?) 경험도 한몫했다. 그 여자와 헤어지지 않았다면 지금 아내와 사는 것보다 더 행복했을지 어떨지를 묻는 것은 바보 같은 질문이다. 분명한 것은 혼인 연령이 이렇게 늦춰진 시대에 태어나지 않았다면, 무려 6년씩이나 '같이 살기'를 유예하지 않아도 되었다. 그렇다고 연애에 필수적인 원만한 성생활조차도 여의치 않았다. 다소 성에 무지했던 내 또래의 인식도 인식이지만(이것도 음모다!) 포괄적 동거를 사회적으로 유예해야 하는 처지의 청춘들은 갈 곳조차 많지 않았다. 모텔은 익숙하지도 않았고 돈도 없었으므로 친구의 하숙집과 자취방을 빌리든지, 아니면 학교 안 구석진 벤치에서 해가 지기를 기다리는 수밖에 없었다.

그래서 나는 후배들에게 사실과 논리적 근거, 윤리적 정당성을 부여하면서 '사랑하면 같이 살라[同居]'고 권했다. '동거하는' 젊은 쌍에게는 책도 사주고 밥도 사주며 마음속으로 격려했다. 같이 살아야 싸워도 풀기가 쉽다. 헤어진 많은 남녀가 같이 살았다면 헤어지지 않았을 것이라고 확신한다. 결국 헤어진다 해도 서로 확실한 이유를 갖고 헤어질 것이다. 나는 정말 첫사랑은 미숙해서 깨지는 줄 알았다. 그게 아니었다. 첫사랑에 눈뜰 나이는 10대 후반, 늦어도 20대 초반인데, 제대로 사랑할 수 있는 기반이 없다. 도대체 어디서 흠씬 사랑을 하고 싶어도, 리듬이 맞는지 살아보고 싶어도 그럴 수가 없으니 깨지는 것이다. 아쉬움만 남긴 채로. 그리고 첫사랑은 깨지는 것이라며 짐짓 낭만적인 어조로 사기를 치는 것이다. 이 어찌 음모라고 하지 않겠는가! 하긴 음모는 아니다. 근대국가의 통제 시스템과 자본의 저임금(중·고등학생과 성인의 노동생산성은 차이가 없다. 그런데 임금은 절반이다) 메커니즘 때문이니까.

그런데 후배들에게 '같이 살라'고 권유한 게 미안해지고 있다. 내가 과외 아르바이트로 한 달에 30만 원을 벌 때 등록금은 50만 원이었다. 지금 내 후배들의 과외비는 그때와 마찬가지로 30만 원, 그마저도 전문성 등의 이유로 구하기 어려운데 등록금은 그때보다 딱 10배 올랐다. 그런데도 내가 얼마나 순진했나 하면 '한국 사회의 생산력이면 둘이 아르바이트해서 충분히 같이 살 수 있다'고 학생들에게 강변했다는 것이다. 생산력과 생산관계(독과점/저임금/비정규직)의 혼동!

더욱더 가관은, 같이 살라는 내 말에 멍해 있는 학생들을 보면서 속으로 '역시 내가 의표를 찔렀어' 하며 한 건 했다는 기분을 즐긴 것이다. 내가 진보적인 의식을 가진 선배 또는 선생이라는 듯이 뿌듯했다. 하지만 사단四端을 가진 나는, 학생들이 멍했던 게 내가 진보적이어서가 아니라 얼토당토않아서였기 때문이 아닌지 의심하기 시작했다. 아마 내 의심이 맞을 것이다. 현실은 둘이 벌어도 살기 어렵고, 미래는 아예 같이 벌기조차 어려울지도 모르므로.

앞으로 이 미안한 마음을 갚고 싶다. 그들이 내 전철을 밟지 않고 아름답게 사랑할 수 있도록 해주고 싶다. 그렇지 않고는 음양陰陽의 연기緣起 속에서 누구도 평화로울 수 없기 때문이다. 이 세상은 어느덧 소수자가 계급, 계층의 경계를 넘어 곳곳에서 유령처럼 흘러 다닌다. 자, 15세가 넘으면 사랑하는 이와 같이 살 수 있는 세상을 위해, 건배!

네팔 강아지와 군자에게

　이게 뭐 특별한 편지는 아니다. 부모가 흔히 자식에게 하는 말이다. 가끔 내가 죽을 때 '하고 싶은', 할 수 있는 말을 떠올려보곤 하는데, 사실 별로 할 말이 없었다. 이 얘기는 떠올랐다 사라졌거나, 아직 사라지지 않은 그런 말 중 하나이다. 마침 첫째가 대학생이 되었고, 둘째도 귀한 경험을 하고 있는 고등학생이기에 시의성이 있을 듯하여 몇 자 적어보는 것이다. 이 글을 쓰려고 일기장을 불러다놓고 이 사람들 이름을 검색해보니, 숱한 일들이 떠올라 시간을 잡아먹었다. 청소, 여행, 나들이, 게임, 싸움, 제사, 성적, 웃음, 야단……. 이 이야기를 다 쓰려다가는 한이 없을 듯해서 몇 가지만 말해볼까 한다.

먼저 '네팔 강아지' 첫째에게

고모 말에 따르면, 인도 강아지들은 길에 누워 있다가도 차가 오면 피하는데, 네팔 강아지들은 마냥 누워 있다고 했다. 그래서 너의 별명이 '네팔 강아지'가 되었지. 이제 나이가 차서 네팔 '강아지'라고 계속 부르지 못할 테지만.

「아큐정전阿Q正傳」으로 유명한 루쉰魯迅(1881~1936)의 작품 「연」이 떠오르는 일. 루쉰은 동생의 연을 부수기까지 세세한 정황을 다 기억하고 있지만, 나는 불행하게도 그렇지 못하다. 네가 고집 피우다 조금 이기적이다 싶은 말을 했겠지. 그런데 거기다 대고 "너 같은 녀석은 공부 잘하지 마! 결국 다른 사람들에게 폐나 끼치고, 못살게 굴기나 할 테니!"라고 했다. 독한 말이다. 아비가 자식에게 하기는 힘든 말. 아무튼 그때 나를 바라보던 너의 슬픈 눈을 잊을 수가 없다. 네가 정말 슬플 때 짓는 눈빛을 알기 때문이다. 얼마 전, 네 고모가 왔을 때 내가 그때 얘기를 했지. 마음에 못내 걸렸다고. 그러자 너는 빙긋이 웃으며 말했지. "그런 일이 있었나요?" 루쉰은 이걸 복수라고 했다.[89]

슬픈 것이 꼭 나쁜 것만은 아니기 때문에 한 가지 더. 내 외사촌 형이 죽었을 때, 네가 세 살이었던가? 아산으로 장례 치르러 갈 때 너를 데리고 갔다. 아침에 네가 우는 소리에 잠을 깼는데, 이모할머니가 너를 달래고 있었지. "속상해서 울었어? 광우와 윤정이가 싸워서?" 그때 너는 이모할머니의 말에 고개를 끄덕이며 눈물을 뚝뚝 떨어뜨리고 있었다. 얼마 후 그 이야기를 듣고 아빠 친구 아저씨 왈, "저래서 이 험한 세상 어떻게 사나……." 며칠 전에 그 아저씨 만났는데, 너 잘 지내느냐고 묻더라. 슬퍼하는 마음은 소중한 거다.

작은 토끼. 그 토끼가 우리 집에 어떻게 왔는지 기억 나지 않는다. 내가 마당에 풀어놓았는데, 네가 학교에서 돌아왔을 때 어디론가 사라졌다는 것만 기억난다. 고양이가 물고 갔을 가능성이 가장 큰데, 어쨌거나 찾을 수가 없었고. 그때도 너는 슬퍼서 눈물을 뚝뚝 떨어뜨리고 있었다.

내가 박사학위 준비를 하던 2년, 가능하면 집에서 공부하던 버릇 때문에 너와 긴 시간을 함께할 수 있었다. 막 말을 시작하고 총총거리며 잘 걷던 너와 청량산을 오르는 시간은 무척 행복했다. 그때 너는 '지구가 아프다'며 산길의 쓰레기를 비닐봉지에 담았다. 몸이 작아서 오히려 어른들이 닿지 못하는 곳까지 치웠지. 그러던 네가 청소를 싫어하기 시작한 건 왜일까? 요즘은 그래도 나아지는 기미가 있지만.

그 무렵 얘기 하나 더. 그때도 청량산에 가려고 너를 차에 태우고 가던 중이었다. 너는 슬그머니 고개를 내 쪽으로 내밀더니 "아빠, 세상은 참 힘든 거 같아요."라고 말했다. 많은 부모가 착각하듯이, 나 역시 우리 애가 천재거나 부처님이 환생한 줄 알았다. 그게 아니라는 걸 깨닫는 데에는 그리 오래 걸리지 않았지만. 그래도 그 말이 기억에 남아 화두처럼 '힘든 삶'에 대해 생각하는 계기를 주었으니, 부처님이 아니라고 할 수도 없을 듯하다. 하긴 모든 곳에 계시니 부처님이겠지.

청량산에 갈 때, 집을 나선 지 5분도 안 되어 너는 잠이 들곤 했다. 안전띠를 매고, 뒷좌석에서 고개를 한쪽으로 떨구고 어찌 그리 잘 자는

지. 지난번 대학 논술고사를 보러 갈 때도 너는 집을 나서 문학C를 벗어나기 전부터 졸고 있었다. 오랜만에 보는데도 익숙했다. 사람은 참 변하기 어렵다, 그렇지?

청소년 학습프로그램을 가지 않겠다고 한 뒤, 그래도 니체는 읽고 싶다며 『니체의 위험한 책, 차라투스트라는 이렇게 말했다』를 거론하기에 선물로 주었는데, 아직도 먼지를 뒤집어쓰고 있다. 조만간 읽고 씨앗문장이라도 적어놓기 바란다.

네가 인간의 몸과 생명을 탐구하는 분야로 전공을 정한 일이야 너의 선택이니까 더 부언할 말은 없다. 그러나 인간의 생명은 우주의 생명, 적어도 지구의 생명이라는 지평에서 이해해야 할 것이다. 내가 공부했던 굴드–도킨스 세미나에 썼던 책 몇 권과 『꿈꾸는 기계의 진화』 등 몇 권을 추천하니, 대학 졸업 전에 읽어놓는 게 좋을 거다.

사교육 없이 대학에 들어간 건 장하다고 생각한다. 내가 한두 달 동안 처음으로 입시를 지켜본 결과, 일부러 그렇게 복잡하게 만들려고 애써도 못 만들 정도로 복잡하다는 사실을 확인했다. 법이 그렇듯이 복잡할수록 사교육은 강제되기 마련이고, 강제되면 될수록 분명 특정 계급이 입시에 유리할 것임은 명확했다. 실제로 너마저도(게을러서 학원도 가기 싫어하던 너마저도!) 마지막 두 달은 사교육을 받을 수밖에 없었으니까. 그 사교육비를 대는 이 땅의 학부모들이 놀라웠다. 그러고도 너와 인연이 있을 뻔했던 대학은 '정상적인 학교 수업만 받으면 풀 수 있는 문제' 운운하며 늘 하던 그 거짓말을 또 하고 있었다. 네가 빠져나왔다고 덫이 없어진 게 아니다.

네 사주에 고집이 가득 차서 대운大運이 바뀌는 스물세 살까지는 다른 사람들의 말을 신중히 듣기 위해 애써야 할 것이다. 요즘은 마음이 넉넉해진 듯해서 보기 좋더라.

다음에는 '군자' 둘째에게

아당峨堂 선생님께서 대학생 형들에게 한학漢學을 가르치시는 온지당溫知堂에 갔었지. 거기서 태워먹은 이불은 변상해야 하지 않을까? 불 때는 일은 재미있다. 나 역시 어려서 여물이든 군불이든, 불 때는 일은 좋아서 했으니까. 네가 온지당 아궁이에 불을 땔 때 모습은 안 봐도 눈에 선하다. 신났겠지! 아무리 장작을 땐다 해도 구들이기 때문에 어지간해서는 방이 타지 않는 법인데, 아주 장작을 쑤셔 넣었나 보다. 이불을 세 채나 태운 걸 보면 말이다. 네 살을 태우지 않은 게 다행이지.

아침 5시 반에 일어나 하루 종일 이어지는 자습과 강의를 견뎌낸 게 대견하다. 계룡산 수통골이 공부하기 좋은 곳이기도 하지. 대전청사에 내려와서 며칠 같이 있을 때도 너는 유성도서관에서 하루 종일 혼자 책을 뒤적이며 놀았으니까. 몸에 훈련이 되어 있기는 했지만 그래도 내심 쫓겨나면 어쩌나 걱정했는데, 그럭저럭 잘 지냈나 보다. 물론 형이나 누나들이 챙겨주었기에 가능했겠지? 아당 선생님께서도 네가 제법 따라온다고 하시더구나.

『맹자』 구절을 외우며 스스로 뿌듯해하던 모습이 보기 좋았다. 그런데 온지당에 있다가 설날 휴가를 나오자마자 게임과 인터넷에 다시 빠져드는 걸 보고 내가 그랬지? "저놈이 보약 먹고 와서는 마약 먹는다." 습쯥을 깨는 데 66일 이상이 걸린다. 이런 것은 '자포自暴'는 아니지만, '자기自棄'에 가깝다.

『소학』을 배우는 자세가 훌륭하다. 온지당에 다녀온 효과가 있다. 한자 몇 자 아는 것보다 글을 대하는 태도가 중요한데, 그게 조금은 몸에 익은 듯하다. 늘 말하지만, 너에게는 군자君子의 풍모가 있다. 귀찮고 힘든 일도 기쁜 마음으로 하는 덕성이 있다. 그러나 격물格物이 없으면 경륜經綸이 없고, 경륜이 없는 군자는 이미 군자가 아니다.

마지막으로 둘 다에게

그제 너희 엄마가 목걸이를 풀어달라고 했다. 가느다란 사슬이 한 번 말렸나 보다. 너희에게 부탁했더니 둘 다 "이건 못 풀어!" 하면서 성의를 보이지 않았다던데, 평소 너희 태도로 미루어볼 때 사실이겠지. 그런데 사슬은 실과는 달라서 풀기 어렵게 엉키지 않는다. 엉키려면 서로 엉키는 데가 구분이 가지 않아야 하는데, 실과 달리 사슬은 쇠라서 그럴 수 없기 때문이다. 실제로 내가 핀 두 개로 살살 당겼더니 금방 풀어졌다. 제발 생각 좀 하고 살아라.

너희 태도의 배후에 엄마에게는 적당히 해도 된다는 같잖은 생각이 자리 잡고 있다는 걸 잘 안다. 그런데 오해하지 마라. 가족에서 중심은 여자이고 엄마이다. 동물의 왕국이나, 인간 세상에서나 수컷은 새끼에 대한 책임감이 별로 없다. 심지어 새끼를 먹어치우는 수컷도 있다. 통상 수컷 없이 생식은 불가능하지만, 수컷 없이 가족은 있을 수 있다. 무엇보다 너희는 애를 배고 낳을 수 없다. 여자 친구를 사귀든, 동거(또는 혼인)를 하든 잊지 마라. 이건 진실이다.

민법이 바뀌어 성인 연령이 20세에서 19세로 낮아졌다고 하더라. '발육이 빠르고 조숙해서' 등등 그런다고 하는데, 다 헛소리이다. 늘 말하지만, 이도령과 춘향이는 너희 나이 전에 환상적인 사랑 이야기를 엮었다. 그럼 그때는 훨씬 더 조숙했었네? 잊지 마라. 너희는 사랑하기에 충분한 나이다.

사랑에 관한 자신들의 판단을 믿어라. 내가 듣기에 제일 우스운 말이, 서로 필이 꽂힌 고등학생들이 "지금은 공부해야 할 때이니 대학 가서 만나자." 하는 것이다. 그럼 대학 가서는 취직 공부해야 하니까 취직하고 만나나? 고등학교 때 생기지 않은 자율성이 대학 가면 절로 생기나? 군대 가서는 제대해야 하니까 제대해서 만나고? 죽을 게 겁나서 어떻게 살까? 그런 거 없다! 찾아올 때 사랑하는 거다! 그래서 같이 살고 싶으면 살고! 다만 자식을 키우기 어려운 세상이니, 피임에는 유의하는 게 좋겠다.

자위는 별로 좋지 않다. 양陽은 음陰을 만나서 발현되어야 중화中和(건강)가 된다. 그런데 자위는 양이 음을 만나지 못한 상태에서 타는 형세이기 때문에 기력을 떨어뜨린다. 그럴 때는 운동을 하거나 공부를 해서 허화虛火를 내리는 게 좋다. 운동은 요가를 권한다.

『논어』에 "훌륭한 분을 보면, 여자 친구와 사귀고 싶은 마음을 바꾸고 배워라.[賢賢, 易色]"라는 말이 있다. 공자는 배우는 일에 관해서는 남에게 양보하지 않았다. 그런 분이 이렇게 얘기하셨을 때는 여자 친구를 만나는 기쁨이 그만큼 크다는 것이다. 아빠는 지금도 예쁜 여자를 보면 공부하기 싫어질 때가 있다(대부분 그렇다). 그 기쁨을 온전히 즐기기 위해서는 배워야 한다. 마음 씀씀이는 물론 함께 공부하는 것도, 키스도 배워야 하고, 잠자리도 배워야 한다. 모든 배움이 그렇듯이, 그 배움에도 지행知行이 합일合一해야 한다. 원한다면 이론 교육은 해줄 수 있다. 실습은 알아서 하고.

이른 나이에 참선參禪을 배우는 게 좋다. 나는 참선을 늦게 배웠고, 그나마 게을러서 제대로 수행하지도 못하는데 5분, 10분이라도 하면 인간이 달라진다. 참선이 어려우면 108배를 먼저 해보라고 권하고 싶다. 수천 년 동안 사람들이 수행한 방법에는 지혜가 있기 마련이다. 길상사 템플스테이도 권하고 싶다. 하루 다녀오면 적어도 보름은 부처님 같은 마음이 된다. 절을 바르게 하는 것부터 배워야 한다.

인간의 크기는 답을 잘 내는 것으로 결정되는 게 아니라, 질문을 안고 가는 힘으로 결정된다. 스님들의 화두도 그러한 것이리라. 그러니 화두를 안고 가는 힘, 인생에서 던져야 할 질문을 안고 가는 힘을 길러라.

담배는 아예 배우지도 마라.

너희 인생이, 아침에 일찍 일어나고 싶은 하루하루로 채워졌으면 좋겠다.

나는 너희를 낳고 싶어서 낳은 것이 아니다. 마찬가지로 너희도 나를 아비로 선택하고 싶어서 한 게 아니다. 인연이 그렇게 된 것이지. 그런데 죽기 전에 너희에게 할 말을 생각하던 중 이런 말이 생각났다. "내 아들로 태어나줘서 고맙고, 즐거웠다."

---

89) 루쉰, 김정화 옮김, 『노신전집』 II, 일월서각, 1985.

4할 타자를 기다리며

　미국 메이저리그MLB 다저스로 간 류현진 선수가 무척 잘하고 있다. 글을 쓰고 있는 이때 그의 다저스팀은 내셔널리그 우승을 차지했다. 전에 박찬호 선수도 다저스에서 뛰며 즐거움을 주었는데, 한국 선수와 인연이 닿나 보다. 물론 신시내티의 추신수 선수도 잘한다. 타자라서 류현진 선수보다 관심도에서 떨어지지만 그 역시 최고의 선수이다. 다음은 야구에 관한 두 가지 이야기이다.

프로야구의 추억

2009년은 기아KIA 타이거즈가 부활했던 해였다. 그해 9월 24일 타이거즈는 정규 시즌 1위를 확정짓고, 플레이오프에서 올라온 SK 와이번스와 한국시리즈에서 만났다. 그 전까지 타이거즈는 아홉 차례 한국시리즈 우승을 자랑하는 야구의 명가名家이다. 이해에 통산 열 번째로 한국시리즈에 진출했고, 결국 우승을 거머쥐었다. 2001년 해태에서 기아로 간판을 바꿔 단 이후로 한국시리즈 진출은 그해가 처음이었다.

나는 박철순, 장효조, 박노준, 이상군, 김성한, 이종범 등 스타 선수를 중심으로 좋아하는 팀이 옮겨가는 편이었고, 고향이 충남이라든지 사는 곳이 인천이라고 해서 특별히 지역 연고팀을 좋아하지는 않았다. 2009년을 기억하는 이유는 바람의 아들 이종범 선수가 활약했기 때문이다. 그리고 아픈 추억이 있기 때문이다.

신군부의 쿠데타로 시작된 1980년대, 전두환 정권은 이른바 3S(섹스, 스포츠, 스크린)로 국민들의 비판의식을 마비시키려는 꾀를 부렸는데, 프로야구는 그에 편승해서 1982년에 시작되었다. 당시 '체육관 대통령'이었던 전두환은 1982년 3월 27일 동대문에서 열린 MBC 청룡 대 삼성 라이온스 경기에 나와 시구始球를 했다.

그런데 이상했다. 군부정권이 갖은 음모와 조작으로 대를 이어가며 경제적으로 소외시키고 정치적으로 탄압했던 호남 사람들이 연고 구단 해태 타이거즈의 경기에 열광했다는 사실이다. 시위를 하고 울분을 달래며 술잔을 기울이던 친구는 막걸리 잔 너머로 들려오는 텔레비전 아나운서의 김성한 선수 홈런 소리에 화색이 돌았고, 전남 남평

南平이 고향인 친구는 옆집 살았다는 이순철 선수 얘기로 내 귀에 딱지 가앉게 했다.

종종 그렇듯이 책략은 생각했던 것과는 다른 결과를 낳는다. 군사 정권의 얄팍한 꾀는 일견 성과를 거두는 듯했으나, 민심은 그리 호락 호락하지 않았다. 해태 타이거즈는 사람들에게 위안을 주었다. 좌절로 바뀔 수도 있었을, 적어도 긴 슬럼프로 이어질 수도 있었을 1980년대의 억울함과 분노가 해태 타이거즈와 희비를 같이하며 위로도 받고 유지, 강화될 수 있음을 군사정권은 몰랐다. 한때 해태 타이거즈에 열광하는 친구들을 보면서 군사정권의 농간에 놀아나는 행태라고 비난했는데, 이 기회를 빌려 한마디 하고 싶다. "미안했다, 내가 잘 몰랐다."

첫 번째 이야기, 4할 타자의 진실

프로야구와는 거리를 두려고 했지만, 즐거운 일이 많지 않았던 그때 우리는 자연스럽게 프로야구에 대한 몇몇 추억을 가지고 있다. 그때 나는 무척 궁금한 게 있었다. 4할 타자가 어디론가 사라져버렸던 것이다. 그러던 차에 굴드Stephen Jay Gould(1941~2002)라는 미국 고생물학자가 나처럼 사라진 4할 타자를 궁금해 했고 그 이유까지 밝혔다는 것을 알게 되었다.[90] 그의 논거를 빌려와 글을 써본다.

일본에서 활동하다 귀국한 백인천은 프로야구 원년인 1982년에 0.412의 타율로 수위타자에 올랐다. 그러나 그뿐, 최고의 교타자라는 수식어가 따라다녔던 고인이 된 장효조(1987년, 0.387)와 바람의 아들 이종범(1993년, 0.393)이 4할에 근접했을 뿐, 내내 수위타자들은 대개

3할 5푼(0.35) 언저리에서 결정되었다.[91] 4할 타자가 사라진 것이다. 어찌된 일일까?

우선 선수들의 타격 실력이 상대적으로 퇴보했다는 가정은 동의하기 어렵다. 체격 조건, 배트 성능 등이 퇴보하지 않았고, 타격 훈련을 위한 정교한 프로그램은 진화를 거듭했다. 아마 많은 사람이 투수, 수비, 구단의 관리 능력이 나아졌기 때문에 상대적으로 타격이 뒤떨어졌다고 생각할지도 모른다. 하지만 그렇지 않았다. 타자들의 평균 타율은 거의 변하지 않았기 때문에 그런 추론은 기각된다.

투수의 경우를 보자. 초창기였던 1982~1987년까지는 김시진의 23승이 다승 투수의 최소 승수였다. 무려 23승인데도 최소 승수였다! 1982년 박철순은 24승, 1984년 최동원은 27승이었고, 일본에서 온 장명부는 그 엉성한 폼으로 1983년에 무려 30승을 챙겼다. 반면 1990년 선동열의 22승 이후 2007년 두산의 리오스가 22승을 거두기까지 다승 투수는 20승이 한계였다. 그러므로 야구 특정 부문의 상대적/절대적 퇴보라는 관점에서 보면, 4할 타자의 소멸은 물론 투수의 최다승 승수의 정체 현상도 역시 설명할 수가 없다. 그 논리에 따르면, 4할 타자의 소멸 대가로 투수의 최다승 승수는 올라가야 하기 때문이다.

전체적인 수준 향상! 여기에 답이 있다. 4할 타자를 하나의 '실체'로 파악하는 플라톤적 사고에 매달려 있는 한 4할 타자의 소멸을 이해할 수 없다. 이 사고방식으로는 좋았던 뭔가가 사라진 것을 무엇인가 잘못되었다는 의미로만 해석하게 된다. 그러나 '타율 4할'은 그 자체가 하나의 항목이나 실체가 아니다. 그것은 시스템의 일부이다.

인간에게는 한계가 있다. 기록은 깨어질 것이나 분명 벽은 있을 것이다. 일단 마라톤이나 100미터 달리기 기록을 깨기가 점점 힘들어지는 것을 상정하면 될 것이다. 야구에서 이런 패턴이 잘 보이지 않는 것은 야구 기록이 상대 선수와의 상대적인 값을 기록한 것이지, 시간과 거리 같은 절대적인 기준에 대한 것이 아니기 때문이다. 이런 야구 기록의 속성 때문에 보이지 않을 뿐, 프로야구 역시 수준이 올라가면 평균이 그 벽으로 다가간다. 벽으로 다가간다는 것은 변이가 거의 생기지 않는다는 말이며, 실력의 상향 평준화를 뜻한다. 변이가 크다는 것은 선수 간 편차가 크다는 것이니, 변이가 줄어든다는 것은 선수 간 편차가 어떻다? 그렇다, 줄어든다는 뜻이다. 그런 까닭에 선수들 간의 평균 타율이 비슷해지면서, 4할 타자는 없어지게 되는 것이다.

수비를 예로 들면 좋겠다. 평균 수비율은 1.000이라는 절대적, 논리적 벽(한계)을 가지고 있다. 말하자면 100번이나 1,000번 수비를 해도 단 한 번도 실수가 없는 것이 1.00 또는 1.000이다. 현재 미국 최고 수비수 다섯 명의 평균 수비율이 0.9968이다. 100번 수비할 때 반 번도 실수를 안 한다는 말이다. 천 번 수비할 때 겨우 3개 정도 실수한다는 것이다. 고교야구를 생각해보자. 매회 실수가 나오지 않는가? 그걸 수비율로 따지면 0.80~0.90 정도 된다. 10개 중에 한두 개는 실수한다는 것이다. 이렇게 설명해도 모르는 분은 그냥 모르고 살았으면 좋겠다.

메이저리그 수비수들의 수준은 이미 거의 벽에 임박했고, 이는 더 이상 발전의 여지가 없다는 뜻이다. 오해를 없애기 위해 다시 말하면, 발전의 여지는 적으나 완성도는 높은 것이다. 그렇기에 그들의 수비는 물 흐르듯 보인다. 예술을 보여주는 극장이라는 말이 전혀 어색하지 않다.

타자들도 마찬가지다. 투수가 공 하나 잘못 빼면 바로 홈런을 맞는 것은 이런 타자들이 보여주는 평균적 탁월성을 보여주는 사례이다. 그래서 평균은 계속 같은 값을 유지하지만, 타격 능력과 투수(수비) 능력이 인간 한계의 벽을 향해 밀집하면서 나아간다.

최고의 경쟁력을 갖춘 선수들이 적절한 게임 방식에 따라 경기를 하면서 '변이'가 줄어들게 된다. 선수들의 기량과 인간의 한계라는 측면에서 보면 평균이 벽으로 움직여가고, 이에 따라 변이가 확장될 공간은 줄어든다. 4할 타율이란 실체로서의 '어떤 것'이 아니라 타율의 변이값들 중 하나이다. 따라서 경기의 일반적인 향상으로 변이가 줄어든 결과, 즉 경기가 계속 세련되게 다듬어진 결과, 4할 타자가 사라진 것이다. 타자에게 이런 일이 일어나는 동안 다른 한편에서 최고의 투수들은 20승 이상을 거둘 기회를 잃어버렸다.

그러면 프로야구는 재미가 없단 말인가? 우리가 알다시피 절대 아니다. 경기가 발전한다는 것은 정확성과 상향 평준화를 의미한다. 그에 따라 찬탄이 절로 나오는 아름다운 플레이가 반복된다면 무슨 불만이 있겠는가? 인간은 호모 루덴스Homo Ludens, 그 아름다운 경기를 보고 즐기고 노는 동물이다. 운동장의 함성 속에서, 또는 스포츠뉴스 마지막에 보여주는 그날의 명장면을 보면서 경기가 준 감동을 되새긴다.

기록은 깨지게 되어 있다. 아마 4할 타자는 또 나올 것이다. 0점대 방어율은 모르지만, 1점대 방어율의 투수는 또 나올 것이다. 이전보다 훨씬 더 힘들게 얻어진 것이기에 우리는 더욱 찬양할 것이다. 인간이 노력하여 거둔 탁월성에 어디 우열이 있겠는가?

두 번째 이야기, 사라진 퍼펙트게임

본래 운동을 하는 것은 좋아해도, 구경하는 것은 즐기지 않는다. 야구도 그렇다. 가끔 가까운 인천 문학경기장에 맥주와 통닭을 들고 들어가 시원한 밤바람을 맞으며 치고 달리는 모습을 감상하곤 하지만, 정말 그건 가끔일 뿐이다. 아무려면 중·고등학교 때 옆 반 아이들과 짜장면 내기하던 그 재미만 하겠는가. 그러다가 다시 야구에 눈길을 주기 시작한 데에는 두 가지 이유가 있다. 하나는 류현진 선수가 잘하기 때문이고, 다른 하나는 아는 분이 한국야구위원회 일을 맡으셨기 때문이다.

야구위원회의 그분을 만나 굴드의 『풀하우스』 얘기를 했더니, 대략 굴드와 유사한 결론으로 답변을 하시고 내게 물었다. 일본이나 미국 프로야구 더그아웃(선수 대기석)에서 노트북을 본 적이 있느냐고. 그러고 보니 없었다. 사람들이 하는 게임을 기계를 동원해서 확률화하는 것에 대해 비판 여론이 높아서 더그아웃에 노트북을 반입하지 못하게 했단다. 『장자莊子』에 '기계에 의존하는 마음, 또는 기미에 기대는 마음[機心]'이라는 경계가 나오는데, 그 21세기 버전인 셈이다. 한국 프로야구에서도 더그아웃에 노트북을 반입하지 못하게 했다고 한다. 그러나 실제로는 다 통계를 낸다.

그분은 약간 상기된, 그리고 간곡한 표정으로 한 사건을 들려주었다. 일은 2010년 6월 2일에 터졌다. 디트로이트와 클리블랜드의 경기에서 디트로이트의 아만도 갈라라가 투수는 9회 말 2사까지 퍼펙트게

4부 _ 난세에 즐거워해도 되나

임을 달리고 있었다. '퍼펙트게임'은 '9×3=27타자'를 볼넷이나 사구死球, 안타 없이 완벽하게 처리하는 게임으로, 100년이 넘는 메이저리그에서도 20번밖에 없었고, 아직 국내 프로야구에서는 기록된 적이 없다. 그러니 한 타자만 잡으면 투수로서는 더할 나위 없이 영예로운 기록을 얻게 되는 셈. 더구나 그는 베네수엘라 출신의 젊은 투수였다.

그러나 야구는 투 아웃부터라고 했나? 마지막 타자가 친 평범한 땅볼, 이어 1루수가 공을 잡았고, 투수인 갈라라가는 1루 베이스 커버를 들어갔다. 누구나 아웃이라고 생각했던 순간, 1루심 짐 조이스의 손은 수평으로 그어졌다. 세이프!

당연히 난리가 났다. 그날 저녁부터 아침까지 야구팬들의 원성이 들끓었다. 백악관의 로버트 깁스 대변인도 심판의 오심을 뒤집고 퍼펙트게임을 선언하길 바란다고 논평을 냈다. 아무튼 밤새 메이저리그는 이 문제로 토론을 했다. 6월 3일 오전이 되자, 비디오테이프 판독 결과에 따라서 한국야구위원회 총재에 해당하는 '커미셔너'의 직권으로 판정이 번복될 것이라는 소문이 돌았다. 다음은 버드 셀릭 커미셔너의 성명서 일부이다.

우선 나는 메이저리그를 대신하여 아만도 갈라라가의 눈부신 피칭을 축하합니다. 갈라라가와 디트로이트 짐 릴랜드 감독은 매우 어려운 상황에서 이를 슬기롭게 극복했습니다. 나는 또 불우한 처지에 놓여 있던 짐 조이스 심판이 정직하게 직접 사과한 용기 있는 행동에도 박수를 보냅니다.

판정은 번복되지 않았다. 짐 조이스 심판은 "나의 잘못된 판정이 젊은 투수의 퍼펙트게임을 망쳤다. 내 생애 최악의 판정이었다."라며 후회했다. 백악관의 성명도 소용이 없었다느니, 투수가 글러브를 팽개치지도 않았다느니, 디트로이트 관중들이 난동을 부리지도 않았다느니 하는 상투적인 말은 치워놓자. 다만 갈라라가의 코멘트를 기억해두자.

먼저, 조이스 심판의 후회에 대해 그는 "사람은 완벽할 수 없다."라며 사과를 받아들였다. 덧붙인 한마디. "논란은 그만했으면 한다. 지금 누구보다도 힘든 사람은 바로 짐 조이스 심판이다." 이 젊은 투수가 예사롭게 보이지 않는다. 이럴 때 내 나이가 부끄러워진다.

모두 이기는 법

운명의 판정 다음 날인 6월 3일. 디트로이트와 클리블랜드는 다시 낮 경기를 하게 되어 있었다. 그러니까 메이저리그의 결정에 따라 조이스 심판의 판정을 그대로 인정하기로 한 바로 그날이다. 경기의 구심球審이 바로 조이스 심판으로 예정되어 있었다. 구심은 포수 뒤에서 스트라이크와 볼을 판정하는 사람이다. 주변에서는 조이스 심판에게 하루 쉬라고 권했다. 그러나 심판 순서는 변경되지 않았다. 이런 이유로 순서를 바꾸기 시작하면 끝도 없다는 것. 조이스 심판은 구장으로 통하는 터널을 지날 때 관중의 야유를 받기도 했다.

상황은 이때부터 바뀌었다. 보통 메이저리그는 경기 세 시간 전에 배팅오더(타석에 들어서는 순서)를 발표한다. 그러나 이날은 경기가 시작되기 전에 구장에서 직접 감독이나 코치가 심판진 앞에서 라인업

(타격 순서)을 교환하는 의례를 가졌다. 디트로이트 릴랜드 감독은 이 오더 교환을 이례적으로 갈라라가에게 맡겼다. 당연히 관중은 뜨거운 박수로 그를 맞았다.

이때 조이스 심판은 홈플레이트(주자가 득점하기 위해 마지막에 밟아야 하는 베이스)에서 눈물을 흘리고 있었다. 라인업을 교환하기 위해 홈플레이트에 도착한 갈라라가는 조이스 심판의 등을 두드리며 위로했고, 조이스 심판도 곧 더그아웃으로 향하는 갈라라가의 등을 두드리며 미안한 마음을 달랬다. 이를 본 3만여 관중은 기립 박수를 보냈다.

여기서 끝이 아니었다. 전날 투수에게 공을 토스한 뒤 퍼펙트게임을 확신하고 두 손을 번쩍 들었다가 심판 판정을 보고 어처구니없다는 듯 고개를 저었던 1루수 미겔 카브레라, 갈라라가의 승리를 축하하면서도 퍼펙트게임을 놓친 그를 안고 위로했던 포수 제럴드 레어드가 있었다. 이 둘은 경기 뒤 조이스 심판에게 가장 격렬히 항의했는데, 이날 수비 위치로 가면서 조이스 심판과 하이파이브를 나누었다. 다른 심판들도 어깨가 처진 조이스 심판을 하이파이브로 격려했다. 언론은 이 일을 두고 "불완전한Imperfect 판정이 완벽하게Perfect 마무리되었다."라고 썼다.

내게 이 얘기를 전해준 그분은 어떻게 얘기를 끝맺으셨을까? "역시 미국은 대단한 나라야!" 이렇게? "선진국 야구 수준은 달라!" 이렇게? "스포츠맨십은 이런 거 아닐까!" 이렇게? 아니었다. 다음과 같이 말하면서 껄껄 웃으셨다.

"이 얘기 좀 칼럼으로 써보세요. 잘못된 상황을 어떻게 모두가 감동할 수 있는 상황으로 바꾸어가는지, 그 힘은 누가 어떻게 만드는지 이런 걸 좀 같이 고민했으면 좋겠어. 전북이나 전주에서만이라도, 아니면 전주대학교에서만이라도 이런 고민이 쌓여갔으면 좋겠어."

90) 스티븐 제이 굴드, 이명희 옮김, 『풀하우스』, 사이언스북스, 2002. 굴드는 처음에는 "빈 곤의 비참함이 자연법칙이 아니라 우리 사회제도에서 비롯되었다면 우리의 죄는 중대하 다."라는 다윈의 말로, 다음에는 "대중화란 진지한 학문의 위대한 휴머니즘적 전통의 일 부분이지, 단지 즐거움이나 이익을 위해 쉽게 고쳐 쓰는 훈련이 아니다."라는 말로 다가 왔다. 그는 뉴욕 출신으로, 프로야구팀인 뉴욕 양키스의 열렬한 팬이었는데, 프로야구에 서 4할 타자가 사라진 이유를 밝혀주면서 우리가 은연중에 빠져 있는 분절적, 파편적 사 고를 교정해주었다.

91) 한국야구위원회(KBO) 홈페이지 기록실에서 인용했다. 2009년 박용택이 0.372, 2010년 과 2011년 이대호가 각각 0.364, 0.357, 2012년 김태균이 0.363에 그쳤다. 투수 역시 2009년 이후로 20승 이상 투수가 없다.

"당신 몇 살이야?"에 담긴 사회학

    새로운 해는 언제나 온다. '찬수개화鑽燧改火.' 예전에는 해가 바뀌면 불씨를 다시 일으켜 불을 새로 피웠다고 한다. 해(태양)라는 빛, 불이라는 빛, 사람들은 새해를 이렇게 기대했나 보다. 지난해 12월 31일 자정에도 새해맞이 행사로 보신각 종이 어김없이 울렸다. 새로 뜨는 해를 보려고 사람들은 가능한 한 동쪽으로 다가갔다.

시간 구획의 역사성

2013년, 2014년은 서기西紀, 즉 서력西曆 기준으로 셈한 것이다. 이를 '그레고리력'이라고 부르는데, 흔히 예수의 탄생을 기점으로 했다고 알고 있지만 실은 교황 그레고리우스 13세 때 부활절을 조정하기 위해 만들어진 역법이다. 달력의 사용은 당시 문명의 축이 어디였는지 보여준다는 점에서 현대 문명의 축과 지향을 '2014'란 숫자처럼 잘 보여주는 것은 없다.

과거에도 마찬가지 경우를 찾아볼 수 있다. 조선시대에는 중국 연호를 중심으로 연도를 헤아렸다. 예를 들어 '만력萬曆 20년' 하는 식으로 말이다. '만력'은 중국 명나라 신종神宗의 연호로, 임진왜란이 일어났던 1592년(선조 25년)도 여기에 들어간다. 대체로 국제관계 또는 국가 차원의 사건이나 시기를 표기할 때 사용했고, 보통은 '금상今上 5년', 즉 '현재 임금님이 재위하신 지 5년째' 식으로 표현했다. 가장 일반적인 것은 간지干支를 쓰는 것인데, 2012년을 '임진년壬辰年', 2013년을 '계사년癸巳年' 등으로 표현하는 것이다.

어떤 분들은 중국 연호를 썼던 사례를 들어 조선 정부의 사대주의적 성격이라고 비판하기도 한다. 그러나 정작 '2014년' 식의 '서양 연호'를 지금 사용하고 있는 것에는 말이 없다.

어떤 연호를 사용하는가는 문명의 교류와 축에 관한 문제이며, 사대주의 문제로 해석하는 것은 비약이고 콤플렉스일 뿐이다. 또 조선시대에는 중국 연호에 의존하는 정도가 현재 한국 사회의 서양 연호 의존도보다 훨씬 덜했다.

"너 몇 살이야?"란 말의 기원

해가 바뀐다는 사실은 평범한 한 사람, 한 사람에게도 변화를 의미한다. 해가 바뀌면서 어른이 되었다며 뿌듯해하는 청소년도 있을 것이고, 내가 뭘 한 게 있나 하고 한숨을 쉬는 분도 있을 것이다. 그렇다. 해가 바뀌면 우리는 나이를 먹는다. 문득 스물아홉 살의 어느 날이 떠오른다. 곧 서른이 되는구나 느꼈던 절망감과 함께, 마흔의 나를 상상했는데, 스물아홉에 상상했던 마흔의 나이는 거의 암흑이었다. 아! 꽃같은 젊음은 가고, 누구 하나 돌아볼 이 없는 나이……

마흔이 막상 되고 보니, 마흔이란 나이? 참으로 활기 있고, 할 일 많고, 아름다운 나이였다. 그때 쉰 넘어 예순이 다 된 분께 그 얘기를 했더니 빙긋이 웃으며 "이 사람아, 예순 살도 그래!" 하셨다. 쉰이 넘은 지금 생각하니, 그분 말이 맞을 듯하다.

그러나 나이에 대해 늘 좋은 기억만 있던 것은 아니다. 특히 이 사회에서 살다 보면 사람들 관계에서 나이를 따지는 경우가 그렇다. 세간에서 말하는 '민증(주민등록증) 깐다'는 속어 말이다. 사람들은 이 역시 유학儒學의 장유유서長幼有序가 낳은 악습쯤으로 여기는 듯하다. 하긴 맹자가 오륜五倫을 말하면서 '장유유서'를 꼽았으니 아니라고 할 수는 없다.

그렇지만 또 증자曾子의 말을 빌려 "조정에서는 관작이 기준이고, 동네에서는 나이가 기준이며, 세상을 돕고 사람을 키우는 데는 덕만한 것이 없다.[朝廷, 莫如爵; 鄕黨, 莫如齒; 輔世長民, 莫如德]"라고 말했던 것으로 보아, 맹자의 본의本意도 나이를 최후의 보루쯤으로 여기는 요즘의 행태와는 거리가 있어 보인다.

서로 나이를 고려하여 배려해야 할 경우는 많다. 나이가 연륜이나 경륜으로 느껴질 때는 더욱 그렇다. 어느 경우에라도, 우리가 장유유서라는 유교 질서에 대해 갖고 있는 선입견은 옳지 않은 것 같다. 율곡이이 선생은 다음과 같이 말했다.

다른 사람과 만날 때는 상대에게 따뜻하고 공경스러워야 한다. 나이가 자신보다 곱절이 되면 아버지처럼 대하고, 열 살 이상 많으면 형으로 대하며, 다섯 살 이상 많으면 좀 더 조심스러워야 할 것이다. 가장 해서는 안 될 행동은 많이 배웠다고 뻐기는 것이며, 기운을 믿고 남을 우습게 여기는 일이다.[凡接人當務和敬. 年長以倍, 則父事之; 十年以長, 則兄事之; 五年以長, 亦稍加敬. 最不可恃學自高, 尙氣凌人也]{92}

학년이나 학번을 따지는 세태나 특수성을 인정하더라도 지나친 군대의 짬밥과 비교할 때 율곡의 나이 범주는 무척 넉넉하다. 다섯 살 정도를 또래 집단으로 하고, 열 살 정도를 형뻘로 분류했으니, 교유 집단을 매우 폭넓게 탄력적으로 설정한 율곡의 발언은 그 자체로 낯설기도 하고 흥미롭기도 하다. 실제로 조선시대에 주고받은 편지나 시詩를 보면 친구가 되는 나이 폭이 넓다. 한두 살 차이는 아예 따지지도 않는다. 율곡의 말처럼 적어도 다섯 살, 아니면 열 살은 되어야 말투에서 위아래를 나누는 느낌을 찾을 수 있다.

나이와 세대를 넘어

이런 현상이 생기는 이유의 하나가 교육 시스템에 있다고 생각한다. 조선의 서당과 서원의 학제는 근대 초·중등교육의 학제와 달랐다.

조선시대 교육제도는 근대적 보편 교육이 아니다. 중앙집권 국가의 정책을 이해하고 따라줄 '국민'이자 자본주의 체제의 재생산에 필요한 평균의 노동력을 제공할 수 있는 '노동자'를 양성할 의무교육 개념이 없다. 그러므로 배움에 대해 사회적으로 높은 가치를 부여했는데도 각각의 개인에게 제도적으로 균일한 교육 프로그램을 강제하지 않았다.

그 결과 입학과 진학 햇수에 따른 학년별 또래 및 교유 집단이 아니라, 느슨한 동무 집단을 형성했던 것으로 볼 수 있다. 입학 연도부터 제각각이다. 서당에서는 갓 걸음을 뗀 아이에서부터 떠꺼머리총각까지 모두 한데서 배웠다. 게다가 『천자문』이든, 『소학』이든 배우는 데 몇 년씩 걸리기도 했기 때문에 교육과정의 압박도 적게 받았다.

나는 세 군데 공부 모임에 나가고 있다. 한 모임에는 초등학교 3학년부터 쉰여덟이 되신 어른까지 있고, 다른 모임에는 고등학교 3학년부터 나까지, 또 다른 모임에는 대학원생부터 역시 예순이 다 된 어른까지 참석하고 있다. 해가 바뀌면서 나이에 생각이 미치자, 새삼 이들 나의 동학同學, 동료들에게 고마운 마음이 든다.

---

92) 이이, 『격몽요결(擊蒙要訣)』 「접인(接人)」.

4부 _ 난세에 즐거워해도 되나